LE CODE DE LA ROUTE ROUSSEAU

400 QUESTIONS

1. Connectez-vous sur **www.exatest.fr**
2. Cliquez sur «Je me connecte pour la première fois»
3. Créez votre compte en remplissant tous les champs demandés.

   Votre numéro à 10 chiffres est le suivant :

   8648017655

4. Un email de confirmation vous sera envoyé, avec un lien d'activation ainsi qu'un rappel de vos identifiant/mot de passe.
5. Cliquez sur le lien d'activation pour démarrer votre abonnement à Exatest (abonnement valable 6 mois).
6. Bravo, vous pouvez commencer votre entraînement à l'examen du Code de la Route !

   10 séries de 40 questions sont à votre disposition.

   Attention, une série ne peut être faite qu'une seule fois, mais vous pouvez revoir autant de fois que vous le souhaitez la correction d'une série déjà effectuée.

Si vous rencontrez le moindre problème de connexion,
veuillez nous contacter à l'adresse : exatest@codes-rousseau.fr
en nous donnant votre numéro à 10 chiffres, ainsi que votre adresse email.

CHOISISSEZ L'ORIGINAL

EDITION 2017

NOUVEL EXAMEN

LE CODE DE LA ROUTE ROUSSEAU

Nom: ______________________

Prénom: ______________________

Adresse: ______________________

____

____

____

Tél.: ______________________

CODES ROUSSEAU

Le meilleur de la pédagogie

10 nouveaux thèmes articulés autour de **9 familles** qui composent la nouvelle épreuve théorique générale (E.T.G.).

L	***Le thème L*** *donne de l'information sur la signalisation en général (panneaux, marquages) et présente les règles que vous devez connaître pour conduire en sécurité.*	f1
C	***Le thème C*** *traite des stratégies de prise d'information, d'analyse et de décision pour conduire en sécurité. Est également traitée, la prise de conscience des risques dans les capacités et les limites du conducteur.*	f2
R	***Le thème R*** *décrit des situations de conduite particulièrement difficiles et propose des stratégies pour y faire face.*	f3
U	***Le thème U*** *décrit comment partager la rue et la route en toute sécurité et met l'accent sur les caractéristiques des autres usagers*	f4
D	***Le thème D*** *traite des aspects administratifs, du permis à point, des infractions mais aussi du chargement du véhicule.*	f5
A	***Le thème A*** *traite du protéger, alerter, secourir.*	f5
P	***Le thème P*** *présente l'installation au poste de conduite et les précautions nécessaires en quittant ou en montant dans le véhicule.*	f6
M	***Le thème M*** *donne un aperçu du fonctionnement et de l'entretien du véhicule.*	f7
S	***Le thème S*** *présente les nouveaux équipements de sécurité du véhicule.*	f8
E	***Le thème E*** *traite de la pratique de l'écomobilité et de l'éco-conduite pour limiter l'impact sur l'environnement et limiter les risques d'accidents.*	f9

L'onglet de couleur rappelle le thème étudié.

Thèmes référencés dans l'index thématique et traités dans les pages de gauche et de droite.

Le partage de la rue

Une nouvelle organisation de l'espace public

Le code de la rue prévoit un meilleur partage de l'espace public.

La rue est utilisée par de nombreux usagers. La cohabitation est possible à condition de respecter les plus fragiles. Le principe est de faciliter la circulation des plus faibles.

L'aire piétonne Zone dédiée aux piétons.

Ils sont prioritaires sur tous les autres usagers, excepté les tramways.

La zone de rencontre Les piétons sont prioritaires. Vitesse limitée à 20 km/h.

Tous les usagers peuvent y circuler. Les piétons peuvent utiliser toute la chaussée et traverser partout.

Zone 30 Rues fréquentées par les usagers fragiles. Vitesse limitée à 30 km/h.

Toutes les rues peuvent être empruntées dans les 2 sens par les cyclistes. La conduite doit être apaisée. En règle générale, la règle de la priorité à droite s'applique.

Double sens cyclable

En présence de cette signalisation les cyclistes peuvent remonter un sens interdit.

Franchissement du feu tricolore

Dans certaines villes et dans certains carrefours, en présence de cette signalisation, les cyclistes sont autorisés à tourner à droite ou à poursuivre tout droit.

138

Interdiction de circuler ou de s'arrêter sur les voies réservées.

1 Des voies de circulation sont réservées aux bus des lignes régulières. Un panonceau complète le panneau si l'accès est autorisé aux taxis ou aux cyclistes ou à tous à certaines heures.

2 Sas vélo : permet aux cyclistes d'être vu et de démarrer avant les voitures.

3 Les trottoirs sont réservés à la circulation des piétons. Jusqu'à 8 ans, les enfants peuvent circuler à vélo sur les trottoirs.

4 Les cyclistes disposent de voies et de pistes qui leur sont réservées. Quand elles sont autorisées aux cyclomoteurs, un panonceau le précise.

Sens interdit sauf pour les cyclistes.

Le sens opposé est réservé aux cyclistes.

5 Double sens cyclable

Les autres usagers

139

Information générale ou principale.

Thèmes principaux traités dans la page.

Thème étudié.

Développement des thèmes et informations complémentaires.

Illustration pour un complément d'information ou mise en image de l'explication donnée page de gauche.

Téléchargez* gratuitement
l'application de scan QR Code de votre choix sur Apple Store ou sur Androïd Market.

Lancez l'application et scannez le code.

La vidéo s'affiche sur votre téléphone !

** Vérifiez auprès de votre opérateur votre forfait Internet mobile.*

SOMMAIRE

CODES ROUSSEAU

Apprentissage de la conduite

L'apprentissage de la conduite des véhicules de la catégorie B dans un établissement d'enseignement agréé, peut se faire selon 2 modes :

■ L'apprentissage anticipé de la conduite

L'AAC est ouvert aux personnes âgées de quinze ans minimum.

Cet apprentissage se déroule en deux phases :

- une première phase de formation initiale, dispensée par l'établissement d'enseignement agréé ;
- une seconde phase de conduite accompagnée.

■ L'apprentissage avec ou sans conduite supervisée

L'apprentissage avec ou sans conduite supervisée est ouvert aux élèves souhaitant apprendre à conduire les véhicules de la catégorie B.

Il comporte une phase de formation initiale complétée, le cas échéant, au choix des élèves, par une phase de conduite supervisée, accessible à partir de dix-huit ans.

■ Durée de la formation

Pour le permis B, la durée de la formation est de 20 heures minimum (35 heures en moyenne).

Une évaluation du niveau de l'élève est obligatoire pour déterminer le volume probable de la formation.

La formation à l'Épreuve Théorique Générale (E.T.G.) n'est pas incluse dans ces 20 heures.

L'apprentissage anticipé de la conduite (AAC)

L'apprentissage avec ou sans conduite supervisée

1 - Formation initiale

THÉORIE E.T.G. (code)	PRATIQUE
• dès 15 ans pour l'**AAC** • ou dès 17 ans	20 h minimum
Bilan des compétences Attestation de fin de formation initiale	

Accès direct sans la conduite supervisée

1 bis - La conduite accompagnée

CONDUITE ACCOMPAGNÉE

L'accompagnateur a 5 ans de permis sans interruption	
AAC	Conduite supervisée
À partir de 15 ans 1 an minimum 3 000 km	À partir de 18 ans Aucune condition de distance ni délai minimum.
1 rendez-vous pédagogique préalable	1 rendez-vous pédagogique préalable
2 rendez-vous pédagogiques	

2 - Examen pratique

En AAC dès 17 ans et demi	Sinon dès 18 ans
Durée du permis probatoire 2 ans (A)	Durée du permis probatoire 3 ans (A)

Épreuve théorique générale (E.T.G.)

L'épreuve du code de la route n'est pas une simple interrogation sur la signalisation et les règles de conduite (thème L) mais vise à aiguiser la prise de conscience des risques en conduisant (thèmes C à E).
Les nouvelles questions demandent aux candidats d'analyser les situations de conduite pour mieux adapter leur comportement sur la route.

■ 40 questions à choix multiple (QCM).
Il faut au moins 35 réponses exactes pour être admis.

Vous devez choisir les réponses parmi celles qui sont proposées (4 au maximum par question).

Cette admissibilité à l'E.T.G. est conservée pour 5 épreuves pratiques pendant 5 ans maximum.

■ Conseils pour bien répondre
N'oubliez pas que pour répondre aux questions vous n'êtes pas considéré comme un conducteur novice.

Vous êtes le conducteur d'où la photo a été prise. Parfois vous devrez analyser une situation d'une vue aérienne (photo ou image 3D).

■ Vidéos
4 questions sur 40 sont annoncées par un pictogramme.

La question peut être illustrée par une courte vidéo dans des conditions réelles de circulation ou issue d'images de synthèse.
Pensez à regarder dans tous les rétroviseurs et à évaluer mentalement l'intervalle de sécurité avec les autres usagers.

Quelques conseils pour répondre à l'examen.

Thème	Libellé
L	LA CIRCULATION ROUTIÈRE
C	LE CONDUCTEUR
R	LA ROUTE
U	LES AUTRES USAGERS
D	LES NOTIONS DIVERSES
A	LES PREMIERS SECOURS
P	PRENDRE ET QUITTER LE VÉHICULE
M	LA MÉCANIQUE ET LES ÉQUIPEMENTS
S	LA SÉCURITÉ DU PASSAGER ET DU VÉHICULE
E	L'ENVIRONNEMENT

La nouvelle banque de questions de l'examen intègre 1000 questions réparties en thématiques. L'organisation des questions est similaire à celle du présent ouvrage.

Les candidats ayant obtenu depuis moins de 5 ans un permis français comportant une épreuve théorique et une épreuve pratique sont dispensés de l'E.T.G. pour passer un permis d'une autre catégorie.

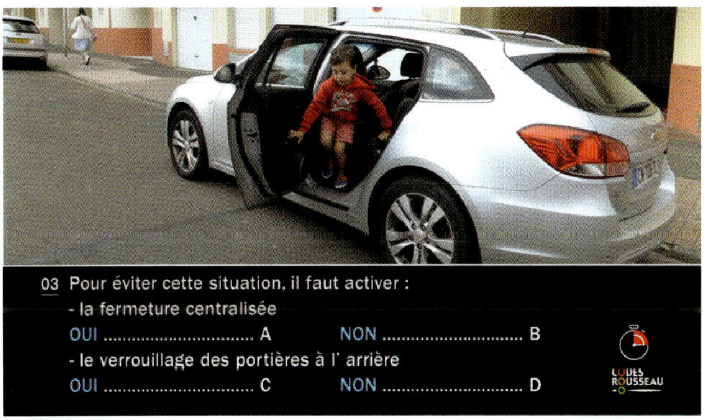

Attention, deux réponses peuvent être justes dans la première partie ou dans la deuxième partie de la question. Bonnes réponses A, C et D.

Épreuve pratique

Dès 18 ans ou 17 ans et demi si vous suivez l'AAC, pour passer l'examen pratique, il faut être reçu à l'ETG.
La durée totale de l'épreuve dure environ 32 minutes.

■ Déroulement de l'épreuve.
Elle a pour but de vérifier si vous êtes capable de conduire seul sans mettre en danger votre sécurité et celle des autres.

L'épreuve comprend :
- une conduite dans diverses situations en agglomération et à allure soutenue sur route et/ou autoroute,
- la réalisation d'un arrêt de précision et une manœuvre en marche arrière,
- des vérifications sous forme de 2 questions orales portant notamment sur un élément technique à l'intérieur et à l'extérieur du véhicule en relation avec la sécurité routière.

Pour être reçu, vous devez obtenir au minimum 20 points et ne pas commettre d'erreur éliminatoire telle que :
- le non-respect de l'arrêt au panneau stop,
- le non-respect de l'arrêt au feu rouge,
- la circulation sur une bande d'arrêt d'urgence.

■ En cas d'échec

Tirez tout le bénéfice de votre bilan, il constituera votre base de travail en vue de votre prochain examen.

■ En cas de réussite

Le formulaire reçu par courrier ou par e-mail sera votre justificatif auprès des forces de l'ordre en attendant votre permis de conduire. Il est valable 4 mois.
Attention, un candidat en AAC ne pourra conduire seul qu'à partir de 18 ans.

LA GRILLE D'ÉVALUATION TYPE EXAMEN repose sur l'analyse des compétences

Bilan des compétences	Niveaux d'appréciation					Autonomie conscience du risque		
	E	0	1	2	3	Analyse des situations	Adaptation aux situations	Conduite autonome
Connaître et maîtriser son véhicule								
Savoir s'installer et assurer la sécurité à bord								
Effectuer des vérifications du véhicule (1)								
Connaître et utiliser les commandes								
Appréhender la route								
Prendre l'information								
Adapter son allure aux circonstances								
Appliquer la réglementation								
Partager la route avec les autres usagers								
Communiquer avec les autres usagers						0	0	0
Partager la chaussée						0,5	0,5	0,5
Maintenir des espaces de sécurité						1	1	1
	Sous-totaux							
Courtoisie au volant			+1					
Conduite économique et respectueuse de l'environnement			+1					
	Total général							

Minimum 20 points sur 31

SUIVEZ LE CODE DE A À Z,
OU ALLEZ DIRECTEMENT
À LA CASE H.
Hôpital

La circulation routière

Les panneaux

Un panneau a trois fonctions :

- signaler un danger,
- donner un ordre, une interdiction ou une obligation,
- donner une indication, un renseignement ou une direction.

Formes	Couleurs				Application
Danger	Permanent	Temporaire			**Ralentir** à 50 m (environ) / à 150 m (environ)
Prescription	Interdiction	Fin	Obligation	Fin	**À partir du panneau** (en général)
Indication	d'installation	pour la conduite			**Simple information** avec parfois un comportement précis de prudence
Direction	entre grandes villes	vers l'autoroute	locale		**Suivre la direction choisie**

Les symboles

Ils précisent la nature du message et à qui il s'adresse.

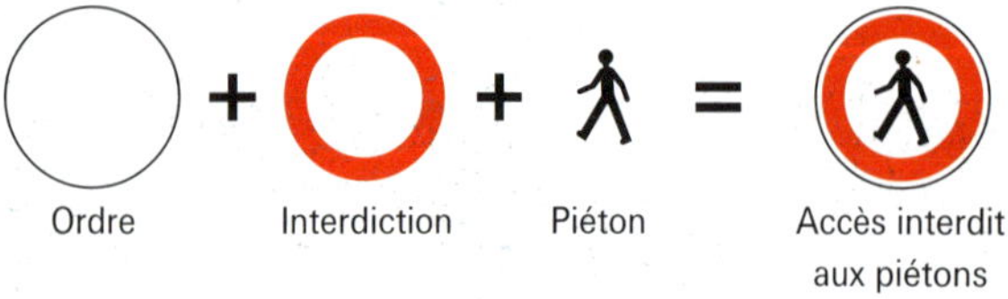

Forme et couleurs des panneaux.

Les Panonceaux

Ils apportent des précisions complémentaires au panneau ou au signal sous lequel ils sont placés.

Panonceaux de distance

Distance à parcourir entre le panneau et le début de la zone concernée.

Panonceaux d'étendue

Distance sur laquelle porte la prescription ou le danger.

Panonceaux de catégories

Usagers concernés.

Panonceaux directionnels

Position ou direction de la voie concernée.

Panonceaux d'indications diverses

Modification de la signification du panneau.

Panonceaux associés à un feu tricolore

Pour les cycles uniquement. autorisation de franchir le feu sous certaines conditions.

Quelques risques à connaître

Ils annoncent le danger et permettent au conducteur d'anticiper.

Les dangers peuvent être liés à la route, aux autres usagers ou à des conditions particulières.

Circulation dans les deux sens, à partir du panneau.

Seul, ce panneau échappe à la règle, la circulation à double sens commence au panneau.

Il faut ralentir pour tenir compte du risque :

Cassis ou dos d'âne.

- Attention à la secousse.

Chaussée glissante.

- Ralentir permet d'éviter le dérapage et diminue la distance de freinage.

Descente dangereuse.

Il faut adapter son allure et utiliser la boîte de vitesses (rétrograder) pour ne pas se faire entraîner par la pente.

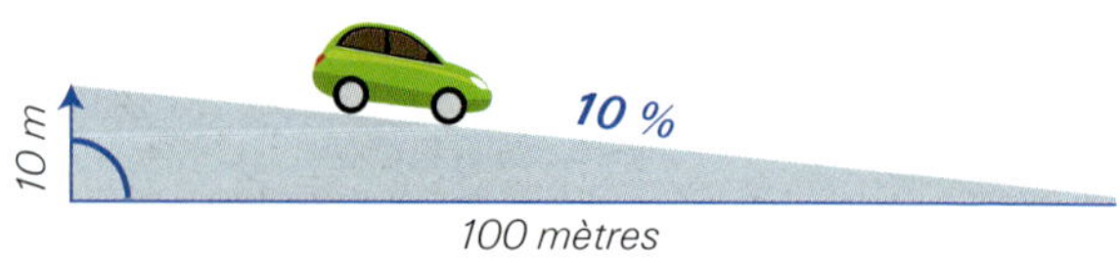

10 %, c'est descendre de 10 m tous les 100 m parcourus.

Danger : animaux domestiques et sauvages.

Les animaux sont imprévisibles.
Ralentir permet de réagir plus vite si un animal surgit.

◀

Danger à cause de la courbe très accentuée et du manque de visibilité.

Ce panneau annonce plusieurs virages (sur 2 km) dont le premier est à droite.

◀

Risque de chutes de pierres :

ralentir pour pouvoir éviter des pierres déjà tombées.

Ne pas s'arrêter dans la zone (ici 3 km).

◀

Risque de traversée d'animaux sauvages.

Attention, les animaux sauvages ne connaissent pas les panneaux et peuvent déboucher n'importe où !

La signalisation temporaire

Elle prévaut sur la signalisation habituelle.
Le marquage au sol est jaune.
Les panneaux sont la plupart du temps posés au sol.

La signalisation temporaire sert à prévenir les usagers d'une modification due à un accident, des travaux etc.

Dangers temporaires

Travaux = Ralentir

Il faut ralentir, ne plus dépasser et se préparer à mettre les feux de détresse si nécessaire.
Lors de travaux, les dangers peuvent être très différents :

- risques liés au personnel : ouvriers sur la route,
- risques liés à l'état de la chaussée : boue, trous...,
- risques liés à la configuration : rétrécissement...

Déviation de la circulation

L'itinéraire de déviation n'a rien d'obligatoire sauf si la signalisation désigne une catégorie d'usagers particulière.

Circulation alternée

Feu jaune clignotant en bas : on peut passer avec prudence.

Lorsque les travaux ne laissent qu'une seule voie de circulation, le passage est réglé par des feux alternatifs ou manuellement par le personnel du chantier.

Piquets mobiles S'arrêter/Passer.

◀ *Projections de gravillons. Risque de dérapage.*

Dangers particuliers précisés par un panonceau.

▲ *Des lignes jaunes provisoires qu'il faut prendre en considération même si dans certains cas, le marquage blanc n'a pas été effacé.*

◀ *Fonctionnement du feu:*

- *jaune clignotant en bas à la place du vert,*
- *jaune au milieu,*
- *rouge,*
- *jaune clignotant en bas...*

Les panneaux de direction

Des couleurs pour s'orienter

Bleu : itinéraires autoroutiers.

Vert : itinéraires reliant des grandes villes.

Blanc : directions locales.

Jaune : itinéraires temporaires ou bis ou de substitution.

Marron : sites touristiques.

Les panneaux de direction aident le conducteur à suivre un itinéraire.

- Ils annoncent les intersections.
- Ils indiquent les villes desservies.
- Ils précisent le type et le numéro des routes.

Des idéogrammes pour informer vite

Direction vers un aéroport.

Des informations complémentaires sont apportées aux directions indiquées.

Des symboles pour suivre un itinéraire

Bis L'itinéraire Bis permet de fluidifier la circulation. Il n'est jamais obligatoire.

L'itinéraire Bis permet de délester l'itinéraire principal qui est très fréquenté en période de vacances ou de week-end.

S 3 Lorsque le réseau principal connaît souvent des perturbations, un itinéraire de substitution est prévu.

Ils permettent de contourner les difficultés (embouteillages, travaux, accidents...). Le numéro permet de suivre l'itinéraire de remplacement en question.

Des formes et des flèches à suivre

La signalisation de direction est celle qui se rapproche le plus du langage écrit.

1. Flèches à l'intérieur du panneau.
2. Schéma de l'intersection.
3. Panneau en forme de flèche.

▲ Tourner à droite devant le panneau pour suivre NOIRMOUTIER.

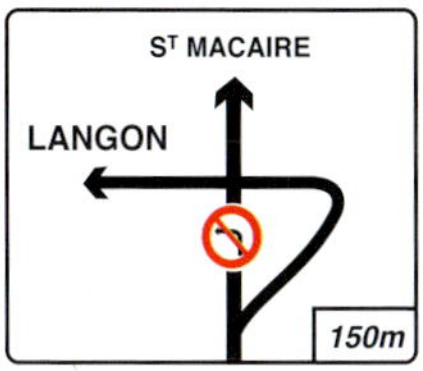

▲ Carrefour avec voie de stockage à droite pour tourner à gauche.

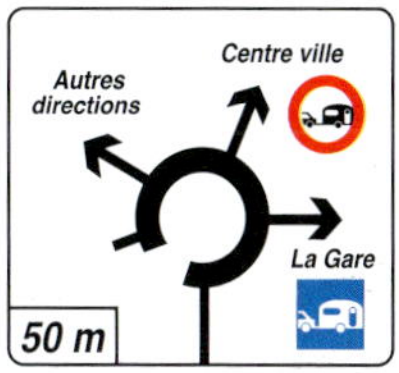

▲ Le centre-ville est interdit aux véhicules tractant une caravane ou une remorque de plus de 250 kg. Ces usagers peuvent prendre la direction de la gare.

▲ Rocade.

N 83 Route nationale n° 83.

E 712 Route européenne n° 712.

C 3 Route communale n° 3.

D 21 Route départementale n° 21.

D 21 48

▲ Cartouches ou encarts et bornes.

① Directions à prendre aux prochaines intersections en fonction de l'itinéraire choisi.

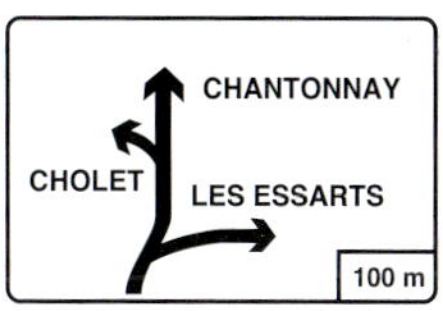

② Le tracé de la route sur le panneau permet d'anticiper 100 mètres avant l'intersection.

③ Placé dans l'intersection, il faut tourner devant le panneau.

Le marquage au sol

Il sert à guider les conducteurs. Les traits des lignes discontinues délimitant les voies de circulation sur route ont une longeur de 3 mètres.

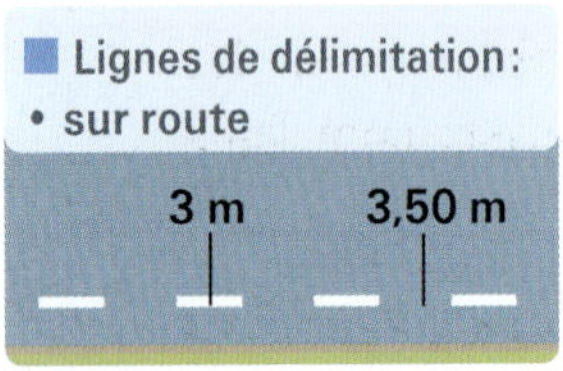

Ligne de rive

Sur route, elle sépare l'accotement de la chaussée. À l'approche d'une intersection, elle peut être remplacée par une ligne de 20 m espacée de 6 m.

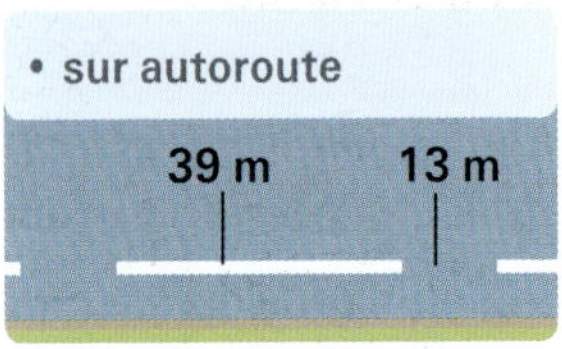

Sur autoroute, elle délimite la bande d'arrêt d'urgence. La voie la plus à gauche est délimitée par une ligne continue le long du terre-plein central (confirmation que l'on circule en sens unique).

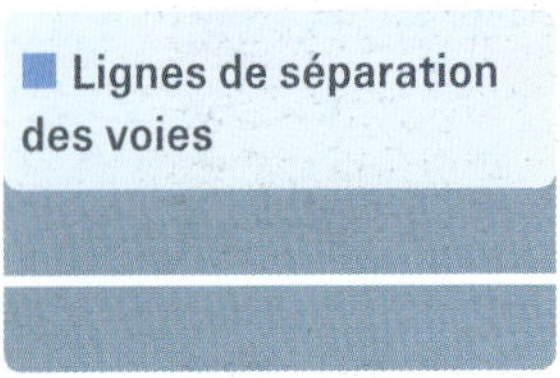

Ligne continue

Elle délimite la voie dans laquelle on doit rester. Interdiction de la franchir ou de la chevaucher.

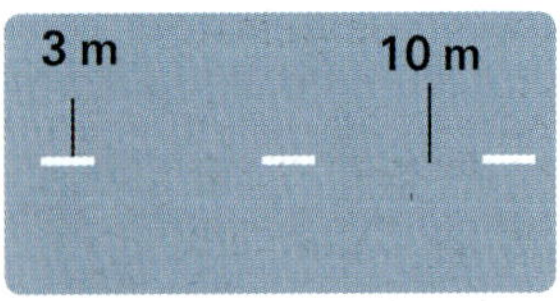

Ligne discontinue

Elle peut être franchie uniquement pour dépasser ou changer de direction.

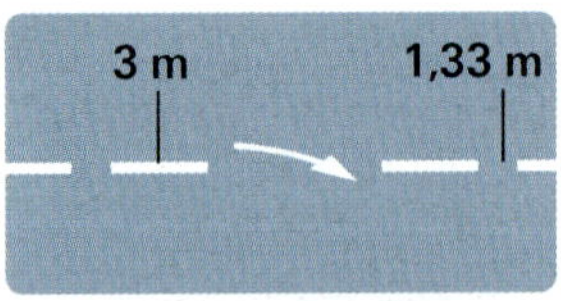

Ligne d'annonce

Elle précède une ligne continue et comporte des flèches de rabattement.

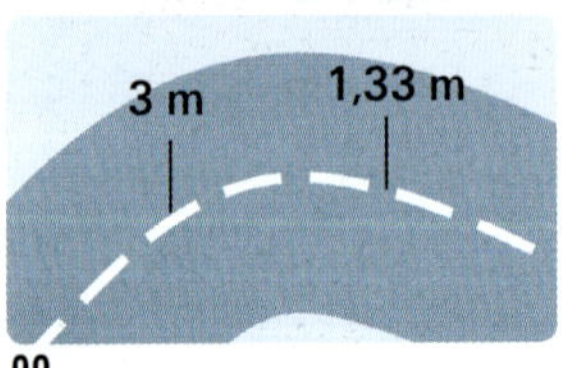

Ligne de dissuasion

Cette ligne autorise le dépassement des véhicules roulant lentement (tracteurs, voiturettes...) sur des routes étroites et sinueuses.

Lignes de séparation des voies (suite)

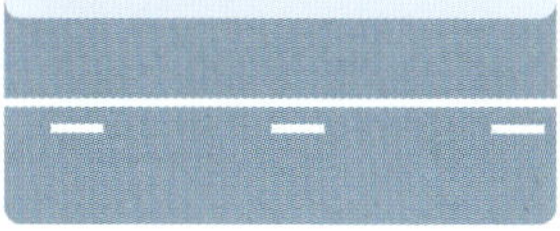

Ligne mixte

C'est une ligne continue doublée d'une ligne discontinue, les conducteurs peuvent changer de voie pour dépasser; côté ligne continue, ils y restent!

Flèches de rabattement

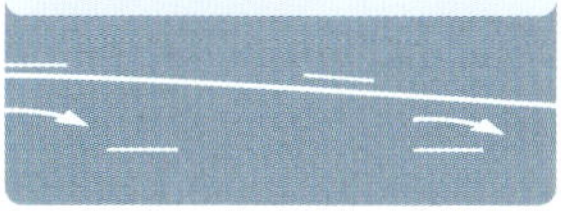

Elles obligent les conducteurs qui circulent dans le sens de ces flèches à se rabattre à droite.

Elles annoncent une ligne continue ou la réduction du nombre de voies sur les routes comportant 3 ou 4 voies.

Flèches directionnelles

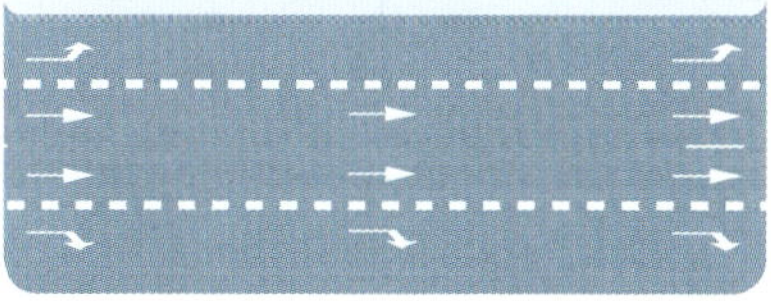

Elles sont répétées 3 fois dans chacune des voies appelées "voies de stockage".

Elles facilitent le placement sur la chaussée quand le conducteur a sélectionné sa direction.

▲*Quelques mètres avant la dernière flèche, les lignes discontinues peuvent être remplacées par une ligne continue qui interdit le changement de voie.*

Les intersections

Aborder une intersection

Comment les franchir ?

1 - Les repérer
2 - Ralentir !
3 - Observer et comprendre les intentions des autres !
4 - Avertir si besoin...

Les intersections peuvent être mises en évidence par des balises mais ce n'est pas systématique ! Et ce n'est jamais le cas en ville.

Absence de panneau
=
PRIORITÉ À DROITE

Le panneau de priorité à droite a la forme d'un panneau de danger pour inciter à ralentir.
Il est implanté sur toutes les branches de l'intersection.

Ordre de passage
Chaque conducteur cède le passage à celui qui vient de sa droite.

La loi du plus fort ne fonctionne pas dans une priorité à droite, S'ils viennent de la droite - un cycliste, un tracteur agricole, un scooter... sont prioritaires à l'intersection.

Particularités des chemins de terre

- **Domaine public :** priorité à droite ou autre...
- **Domaine privé :** les usagers sortants ne s'engagent que lorsque la voie est totalement libre.

▲ *Avertir quand c'est nécessaire !*

Balise d'intersection : elle ne donne pas la règle de priorité.

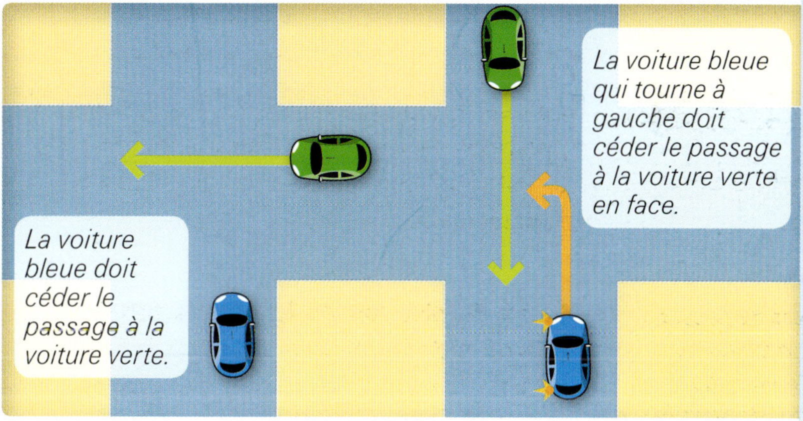

▲ *Absence de signalisation.*
Les conducteurs doivent céder le passage aux usagers venant de droite.

▼ *Les ronds-points sans signalisation sont régis par la priorité à droite.*

Les panneaux de priorité

Route prioritaire

Tant que l'on rencontre ce panneau, la route reste prioritaire.

Il est placé après les intersections pour signaler à ceux qui empruntent cette route, qu'elle est prioritaire.

À l'entrée d'une agglomération par exemple, une route peut perdre son caractère prioritaire.

On peut alors rencontrer des feux tricolores, un STOP, une priorité à droite, un "cédez-le-passage"...

Priorité ponctuelle

Ce panneau avertit que la priorité est valable à la prochaine intersection uniquement.

Il a la forme d'un panneau de danger pour inciter les conducteurs à ralentir et à s'assurer du comportement des autres avant de franchir l'intersection.

Stop

Arrêt obligatoire à la limite de la chaussée abordée sans dépasser la ligne blanche.

▲ *Lignes sur route à double sens.* ▲

Dans un sens unique, la ligne au sol qui accompagne un STOP ou un "cédez-le-passage" traverse toute la largeur de la chaussée.

Cédez-le-passage

Obligation de céder le passage à gauche et à droite sans forcément s'arrêter si la route est libre.

Obligation de céder le passage à tous les usagers venant de droite

Caractère prioritaire.	*Priorité ponctuelle.*	*Annonce STOP.*	*STOP.*	*Annonce Cédez le passage.*	*Cédez le passage.*

3 situations !	J'ai rencontré...	Je sais que...	Les autres ont...
1 **Les autres doivent me céder le passage.**		Je circule sur une route à caractère prioritaire jusqu'à 	 ou 
		La priorité est valable à cette intersection seulement.	
2 **Je dois céder le passage à droite**	Pas de panneau ou 	Les autres ont la même signalisation.	Pas de panneau ou 
3 **Je dois céder le passage aux usagers de la route "prioritaire"** **(cela peut-être à droite, à gauche ou en face)**	 puis 	L'arrêt n'est pas obligatoire.	 ou 
	 puis 	L'arrêt complet est impératif, à hauteur de la ligne blanche.	

Intersections complexes

Panonceaux schémas
Ils schématisent la forme de l'intersection quand il y a une ambiguïté.

L'axe prioritaire est en gras.

Le trait "sud" (ou à la base du panonceau schéma) représente la route sur laquelle on circule.

Agglomération

À l'intérieur de l'agglomération, la route conserve son caractère prioritaire.

À la sortie de l'agglomération, la route reste ou devient à caractère prioritaire.

Le conducteur doit s'informer de la règle de passage à la prochaine intersection.

Voie d'accélération

Lorsque le panneau "Cédez-le-passage" est situé sur une voie d'accélération, le conducteur choisit le moment opportun, accélère suffisamment pour s'insérer sur la chaussée prioritaire sans gêner les usagers qui y circulent.

▲
1 - *La bleue continue sa route car elle reste sur l'itinéraire prioritaire.*
2 - *La rouge passe après la bleue.*
3 - *La jaune passe, quand la route abordée est libre.*

▲
La verte passe en premier. Elle circule sur l'axe prioritaire et qu'elle aille en direction du "CÉDEZ-LE-PASSAGE" ou pas, elle reste prioritaire !

Les carrefours à sens giratoire

Ordre de passage

Avant de s'y engager, céder le passage aux usagers qui circulent sur l'anneau et qui viennent de gauche.

Ils comportent un terre-plein généralement infranchissable. Un "cédez-le-passage" est placé à l'entrée.
Qu'il y ait 1, 2 ou 3 voies, il faut considérer ces carrefours comme des routes à sens unique, mais circulaires !

Se placer

- Se placer à droite pour tourner à droite ou aller en face.
- Possibilité de se placer à gauche pour tourner à gauche ou faire demi-tour.

Quand l'anneau du rond-point comporte plusieurs voies, c'est l'usager qui change de voie qui doit céder le passage.
Si on est perdu, rester dans la voie de droite pour trouver la bonne direction.

Tourner à gauche ou faire demi-tour.

Communiquer

Pour quitter le carrefour, il faut allumer les clignotants au niveau de la route précédant la sortie choisie pour permettre aux autres de s'insérer...

Il faut considérer que ceux qui circulent sur l'anneau sans clignotant ainsi que ceux qui gardent leur clignotant gauche allumé, n'ont pas l'intention de sortir du rond-point...
Pour faciliter l'écoulement du trafic, les clignotants sont utiles. C'est une aide précieuse pour les conducteurs qui s'insèrent.

CÉDEZ LE PASSAGE
Carrefour à sens giratoire.
Obligation de tourner à droite.
Le vélo puis la voiture.
Les 2 vélos puis la voiture.
Le vélo et la voiture tournent ensemble parce qu'il y a une bande cyclable vers la sortie.
Pour tourner à droite ou aller tout droit.
Pour tourner à gauche ou faire un demi-tour.

Les feux

Feu vert

Donne l'autorisation de passer (de continuer tout droit, de tourner à droite ou à gauche).

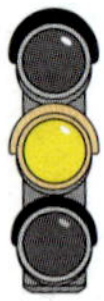

Feu jaune

Annonce le rouge.
S'arrêter sauf risque d'accident.

Feu rouge

Impose l'arrêt à l'aplomb du support ou avant un passage piétons ou à hauteur de la ligne des feux... Le feu des piétons est au vert.

Combinaison feux + panneau

Les feux fonctionnent

On ne tient pas compte du panneau.

Les feux sont éteints ou clignotent en permanence au jaune (au milieu).

On tient compte du panneau de priorité placé sur le support des feux.

Signes des agents

Les indications données par les agents annulent et remplacent la signalisation et les règles de circulation mises en place.

Lorsqu'un agent règle la circulation et que l'on veut tourner à gauche, il faut le contourner et s'arrêter sans dépasser l'axe de la rue puis poursuivre quand il en donne l'ordre.

▲ Feux et flèche supplémentaire.
Cette flèche jaune clignotante autorise à tourner à droite avec prudence et en cédant le passage aux autres véhicules ou piétons.

▲ Feux en forme de flèche.
Ils alternent un ordre de passage en fonction de la direction que l'on veut prendre.
Une flèche verte qui autorise à tourner à gauche signifie que les usagers en face sont arrêtés à un feu rouge.

◀ Feu jaune clignotant à la place du vert
Son rôle est d'annoncer un danger particulier.
Il faut appliquer les règles de priorité données par le panneau.
S'il n'y a pas de panneau, il faut appliquer la règle de la priorité à droite.

▶ *Ordre d'importance.*
L'agent prime sur les feux.
Les feux priment sur les panneaux.

Vu de face
ou de dos
Arrêt obligatoire.

De face,
un bras levé
S'arrêter.

Vu de profil
Autorisation de passer.

Geste de haut
en bas
de l'avant-bras
Ralentir.

Geste circulaire
de l'avant-bras
Circuler, accélérer.

Les règles générales

Position sur la chaussée

En marche normale, rouler près du bord droit. S'il existe plusieurs voies, emprunter la plus à droite. Attention, la voie la plus à droite peut être réservée à d'autres usagers.

Flèches directionnelles

Suivre la direction indiquée par les flèches. Si plusieurs voies permettent d'aller dans la même direction, utiliser la voie la plus à droite.

Intersection encombrée

Lorsqu'une intersection est encombrée, s'arrêter avant, afin de ne pas bloquer le passage à la voie transversale.

Circuler en file

En cas de circulation en files ininterrompues sur toutes les voies, le conducteur :

- doit rester dans sa file,
- peut quitter sa file pour préparer un changement de direction,
- peut dépasser les véhicules d'une autre file par la droite (ce n'est pas considéré comme un dépassement),
- doit allumer ses feux de détresse, s'il est le dernier de la file, pour prévenir les autres usagers du ralentissement.

▲ *La voie de droite est réservée aux cyclistes.*

▲ *La voie de droite est une voie pour véhicules lents. Je dois l'utiliser si ma vitesse est inférieure ou égale à 60 km/h.*

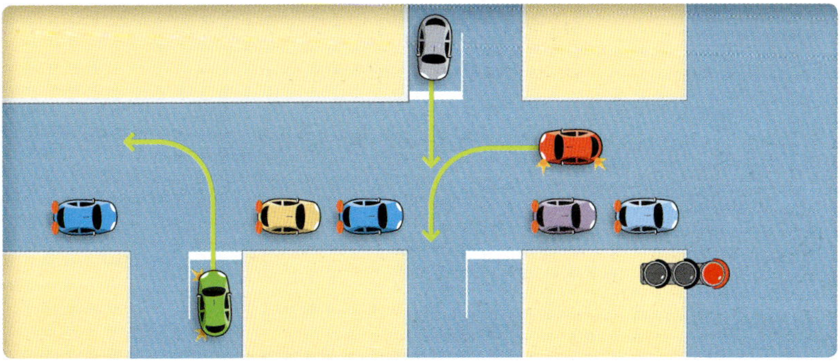

Les changements de direction

Avant de tourner

Regarder devant, mais aussi dans les rétroviseurs les intentions des autres.

Avertir avec les clignotants de nos propres intentions.

Agir, c'est serrer l'axe de la rue ou serrer à droite.

Un conducteur ayant l'intention de changer de direction doit :

- s'assurer que la route qu'il veut emprunter n'est pas en sens interdit ;
- surveiller la route vers l'avant et vers l'arrière ;
- signaler son intention à l'aide du clignotant ;
- ralentir sans freiner brusquement pour ne pas surprendre les usagers qui le suivent ;
- respecter les priorités de passage et notamment les piétons qui traversent.

Tourner à droite

Serrer le bord droit de la chaussée en veillant à ce qu'aucun deux-roues ne se faufile entre le trottoir et le véhicule.

Risques liés aux intersections.

Dans une intersection où l'on doit céder le passage, ne pas oublier de regarder dans les 2 sens de circulation.

Un automobiliste venant de droite peut avoir entamé un dépassement à hauteur de l'intersection.

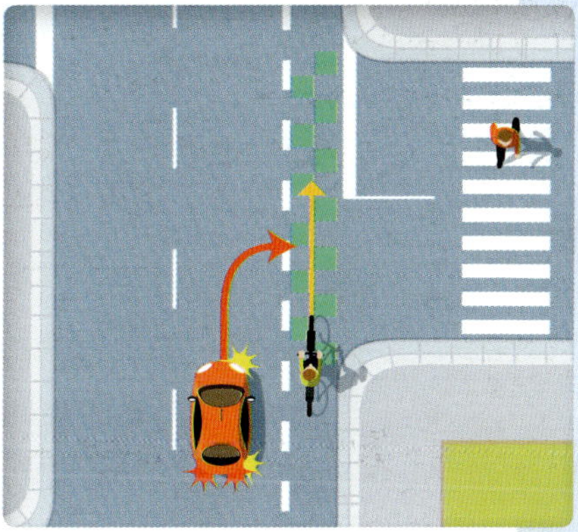

▲ *Tourner la tête pour regarder dans l'angle mort.*

▼ *Vérifications à gauche... Et à droite avant de tourner à droite !*

Tourner à gauche

Sur une route à double sens

Serrer à gauche sans dépasser l'axe de la chaussée.

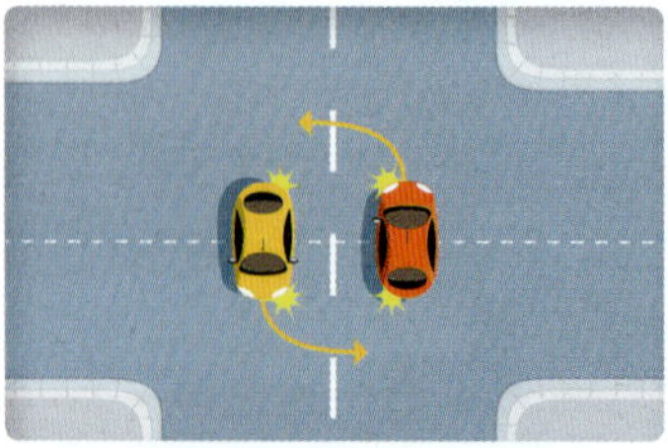

Tourner en contournant le centre de l'intersection.

Sur une route à 3 voies à double sens

Se placer dans la voie du milieu.

Pour éviter toute confusion avec un dépassement, faire clignoter les feux stop le plus tôt possible.

Sur une chaussée à sens unique

Se placer dans la voie la plus à gauche.

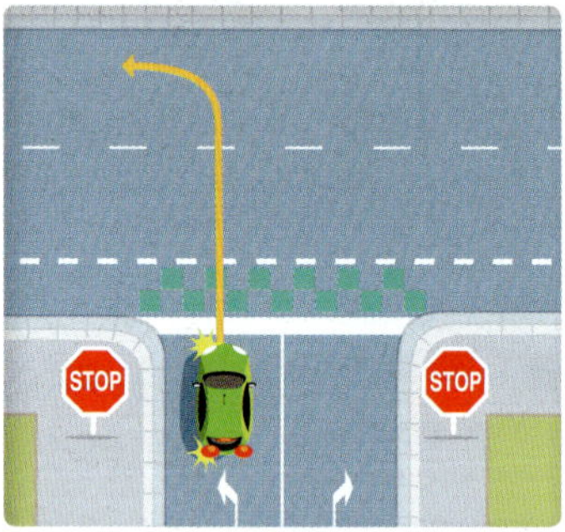

Dans un carrefour "à l'indonésienne"

Tourner en passant devant le véhicule qui fait face et qui veut tourner à gauche aussi.

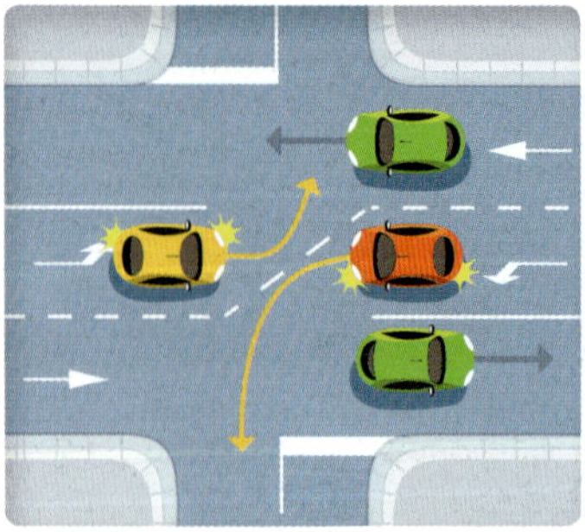

Le croisement à "l'indonésienne".

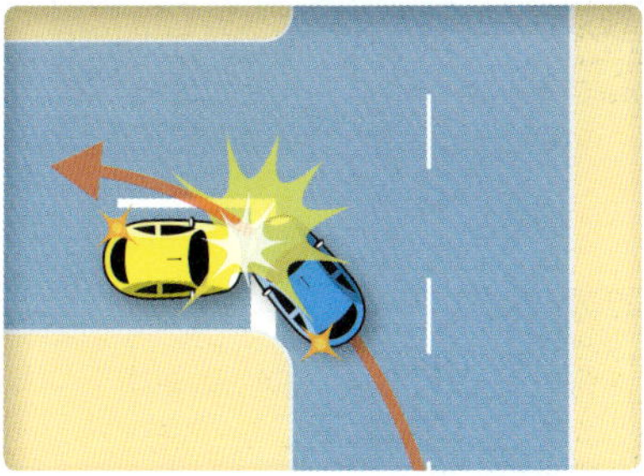

◀ *En coupant un "tourne à gauche", le conducteur circule sur la partie gauche de la chaussée. Il est donc en infraction et responsable en cas d'accident.*

◀ *Si on doit s'arrêter avant de tourner à gauche, ne pas braquer les roues pour ne pas être projeté vers le véhicule qui viendrait en face en cas de choc par l'arrière.*

▲ *Décider de tourner à gauche avant le tracteur ?* ⇨ *DANGER*

▲ *Attention, prudence avant de tourner, la visibilité vers l'avant est moins bonne.*

Limitations de vitesse

■ En ville

Ce panneau 

limite la vitesse à 50 km/h et interdit l'usage du klaxon sauf danger immédiat.

Un panneau 

implanté après ne concerne que cette rue.

La limitation concerne toute la ville.

■ Hors agglomération

Route à double sens (à 2 ou 3 voies) : la vitesse est limitée à 90 km/h.

Route à accès réglementé
- sens unique : la vitesse est limitée à 110 km/h,
- double sens : la vitesse reste à 90 km/h maxi.

Route à sens unique
2 chaussées séparées par un terre plein central (110 km/h) sauf indication contraire.

■ Limitations ponctuelles

La réduction de la vitesse est justifiée en raison de l'absence de visibilité ou de la présence d'habitations ou de travaux.

Ralentisseurs

Virages

Travaux

Limitation de vitesse

Zone 30

Zone de rencontre.

Les contrôles de vitesse

Ce panneau informe les conducteurs de la présence d'un contrôle automatisé de la vitesse.

Le conducteur en infraction est identifié par le numéro d'immatriculation. L'avis de contravention est envoyé par la poste au propriétaire du véhicule. Le radar tronçon calcule la vitesse moyenne du véhicule sur une portion de route.

► La vitesse maximale autorisée est différente en fonction du type de route.

Conditions atmosphériques normales	Pluie et autres précipitations	A	Visibilité inférieure à 50 m
Ville			
50	50	50	50
Route à double sens			
90	80	80	50
Route à chaussées séparées et autoroute en zone urbaine			
110	100	100	50
Autoroute			
130	110	110	50

Les limites sont abaissées :

- *en cas de pluie,*
- *pour les conducteurs (A) soumis au disque A,*
- *quand la visibilité est réduite à moins de 50 m (brouillard).*

▲ *Sortir d'une zone 30 ne veut pas dire rouler systématiquement à 50 km/h.*

▲ *La vitesse est dorénavant limitée à 90 km/h.*

▲ *Radar automatique.*

▲ *Radar pédagogique. Il indique la vitesse mais ne verbalise pas. Éteint, il ne fonctionne pas.*

▲ *Jumelles de contrôle de la vitesse.*

Évaluation de la vitesse

Rouler à 90 km/h, c'est parcourir 25 mètres par seconde.

Pour avoir une vraie notion de la vitesse d'une voiture, il faut parler en mètres parcourus par seconde.

Pour convertir les km/h en m/s, une méthode approximative mais simple : multiplier le chiffre des dizaines par 3.

Ajustement de la vitesse

Être maître de sa voiture, cela veut dire pouvoir s'arrêter avant l'accident en toutes circonstances.

Bien conduire, c'est ajuster sa vitesse en fonction des possibilités, des circonstances et des risques. Ralentir et être prêt à freiner est le moyen le plus sûr de rester maître de sa voiture.

Le conducteur ne doit pas toujours circuler à la vitesse maximum autorisée.

Il n'y a pas toujours un panneau qui limite ponctuellement la vitesse.

Il faut systématiquement ralentir pour tenir compte :

- de la configuration de la route : virage, sommet de côte, intersection, passage étroit...
- de l'état de la chaussée : boue ou gravillons, pluie ou neige,
- de la présence des autres usagers : animaux, deux-roues, enfants...
- de la présence d'habitations, (un panneau de lieu-dit n'impose pas de vitesse particulière, mais la présence d'habitation doit inciter à ralentir).
- de l'absence de visibilité : nuit, brouillard, vent latéral...
- du trafic...
- des chantiers en cours : ralentissez et désactivez le régulateur de vitesse.
  Des hommes sont à proximité du chantier ou à côté des véhicules...

Un panneau de lieu-dit n'impose pas de vitesse particulière. Mais la présence d'habitations doit inciter à ralentir.

Vitesse	Calcul rapide	Distance exacte
30 km/h	3 x 3 = 9 m/s	8,3 m/s
50 km/h	5 x 3 = 15 m/s	13,89 m/s
90 km/h	9 x 3 = 27 m/s	25 m/s
130 km/h	13 x 3 = 39 m/s	36,1 m/s

▲ *Distance parcourue durant le temps de réaction (1 seconde).*

▲ *Que se passe-t-il après le sommet de côte ?*
Ralentir permet d'anticiper sur un imprévu.

▲ *Ralentissez à l'approche des intersections. Si le pied est déjà devant le frein, ce sont quelques mètres gagnés face à l'imprévu.*

Conséquences de la vitesse

■ **L'énergie cinétique**

Quand la voiture avance, elle accumule de l'énergie cinétique.

Celle-ci doit être éliminée soit en chaleur lors du freinage, soit par déformation lors d'un choc.

- **Quand la vitesse double, l'énergie cinétique est multipliée par quatre.**

L'énergie cinétique a différentes conséquences :

- Elle rend le freinage plus long.
  (Vitesse X 2 ➞ Distance de freinage X 4)
- Elle rend plus difficile le changement de trajectoire.
  (Vitesse X 2 ➞ Force centrifuge X 4)
- Elle provoque de graves dégâts en cas de choc.
  (Vitesse X 2 ➞ Violence du choc X 4)

■ **Force centrifuge**
C'est une force qui s'exerce dans les virages. L'élan de la voiture tend à la faire continuer tout droit.

Si l'adhérence est suffisante, la voiture tourne.

Si la force centrifuge est plus forte que l'adhérence, la voiture dérape et quitte sa trajectoire.

Pour réduire la force centrifuge, il suffit de réduire la vitesse avant le virage.

■ **Perte d'adhérence**
Plus l'adhérence est mauvaise, plus la voiture a tendance à déraper et moins on peut freiner fort.

Pour freiner ou tourner, il faut que l'adhérence des pneus au sol soit plus forte que les autres forces.

L'adhérence dépend :

- des pneus (usure - type...),
- du revêtement de la chaussée,
- des conditions atmosphériques.

▲ *Les pneus et les suspensions sont les éléments qui permettent à la voiture de tenir sur la route.*

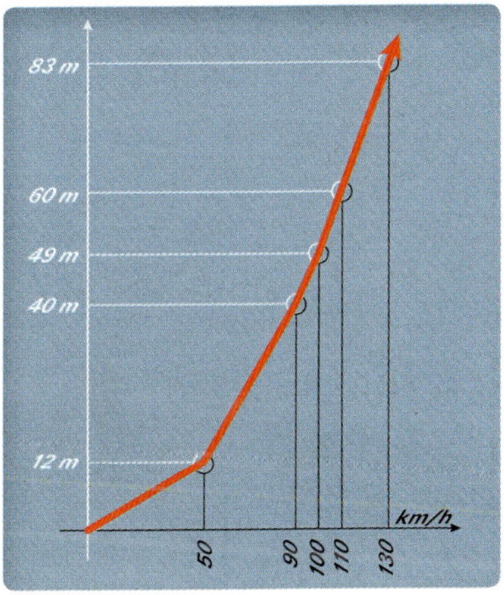

◀ *50 % de freinage en plus quand on roule à 110 km/h au lieu de 90 km/h : 60 m au lieu de 40 m.*

	Route sèche	Route mouillée	Début de pluie	Neige	Verglas
Bon revêtement + pneus neufs	0,80	0,40	0,28	0,20	0,12
Revêtement usé + pneus neufs	0,64	0,32	0,22	0,16	0,10
Bon revêtement + pneus usagés	0,64	0,32	0,22	0,16	0,10
Revêtement usé + pneus usagés	0,51	0,25	0,18	0,13	0,08

▲ *L'adhérence peut être divisée par deux, quand la route est mouillée mais encore plus lors d'une petite pluie après un long moment de sécheresse. Le coefficient d'adhérence est un indice compris entre 0,1 et 1, pour un pneu classique et une route normale suivant certaines conditions (pluie, neige, verglas, graviers, feuilles mortes, pulpe de betterave...).*

Croiser et dépasser

Se croiser

Règles générales

Les croisements se font par la droite et les dépassements par la gauche (sauf exceptions).

Pour croiser un autre usager, il faut ralentir si besoin et serrer à droite pour laisser le plus grand intervalle latéral de sécurité.

Obstacle sur la chaussée

Le conducteur qui doit faire un écart pour éviter un obstacle doit céder le passage en face.

Un obstacle sur la chaussée, cela peut être :

- des voitures en stationnement,
- des travaux,
- un objet ou tout élément gênant la progression du véhicule.

Chaussée étroite

C'est le "gros" véhicule (camion - car) qui doit céder le passage.

Un véhicule de plus de 2 m de large ou de 7 m de long doit s'arrêter ou se garer pour faciliter le passage au véhicule plus petit.
En revanche, en ville, il faut faciliter le passage aux bus ou aux cars.

Signalisation

Une signalisation ou un employé des travaux publics peut régler les ordres de passage.

Vous pouvez passer.

Vous devez céder le passage en face.

Vous devez vous arrêter.

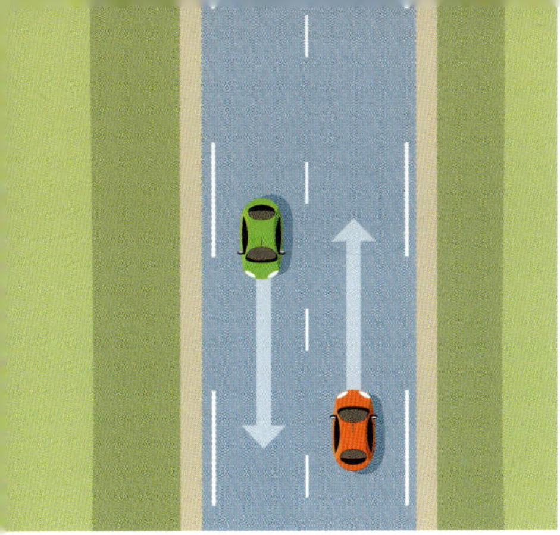

▲ *Croiser.*

▲ *Dépasser.*

▲ *Priorité au "petit" véhicule.*

▲ *On doit céder le passage à tous les usagers arrivant en face.*

▲ *On est prioritaire. Si un véhicule en face est déjà engagé, on le laisse passer.*

Croisements difficiles

Route en pente : croisements difficiles

C'est au véhicule descendant de s'arrêter le premier. (1)

En montagne la manœuvre doit être faite par :
- le véhicule pour lequel c'est le plus facile,
- le véhicule pour lequel c'est le moins dangereux.

Il est plus difficile de repartir dans la montée, c'est pourquoi le véhicule descendant s'arrête en premier et facilite le passage du véhicule montant.

Route en pente : croisements impossibles

C'est le véhicule le plus maniable qui doit reculer.

(2) Un véhicule unique doit reculer face à un ensemble de véhicules.

(3) Un véhicule léger doit reculer face à un véhicule lourd.

(4) Le véhicule qui descend recule si les 2 véhicules sont de la même catégorie.

Exception ! Si une place d'évitement est disponible, c'est au véhicule qui se trouve près de cette place de l'utiliser même si pour cela il doit un peu reculer.

▲ *Qui doit s'arrêter ?*

▲ *Qui fait la marche arrière ?*

▲ *Qui fait la marche arrière ?*

▲ *Qui fait la marche arrière ?*

Dépasser

Les dépassements s'effectuent par la gauche.

Sur les routes à 3 voies à double sens, il est interdit d'utiliser la voie la plus à gauche pour dépasser, on utilise la voie centrale.

Les panneaux

Vérifier que le dépassement n'est pas interdit.

Ce panneau interdit le dépassement de tous les véhicules à moteur sauf les 2 roues sans side-car.

Dépassement interdit pour les transports de marchandises > à 3,5 t.

Ces panneaux mettent fin à l'interdiction de dépasser.

Dépassement interdit à l'approche d'une intersection.
Le conducteur doit céder le passage ou s'arrêter !

Ces panneaux imposent de céder le passage, ils interdisent en même temps de dépasser.

Possibilité de dépasser un cycliste si personne ne vient de droite.

Dépassement interdit à l'approche des passages à niveau sans barrière.

On ne peut pas en même temps céder le passage aux trains et dépasser !

On peut dépasser les 2 roues sans side-car et les véhicules à traction animale si toutes les autres conditions de sécurité sont bonnes.

Ne pas tenter le diable même avec un véhicule lent devant soi !

Généralement, une ligne continue interdit les dépassements à hauteur des passages à niveau.

Dépasser

Le marquage au sol

Une ligne continue peut être accolée à une ligne discontinue.

En règle générale, il est interdit de dépasser en franchissant ou en chevauchant une ligne continue.
Toutefois, pour dépasser un cycliste, seul le chevauchement est autorisé à condition que la visibilité soit bonne.
Attention, franchir totalement la ligne continue reste interdit.

La ligne d'avertissement annonce une ligne continue.

Si le dépassement risque de ne pas être terminé avant le début de la ligne continue, il est interdit de le commencer.
Dès la première flèche, la distance n'est pas suffisante pour dépasser un véhicule roulant normalement.

La ligne de dissuasion comportant des pointillés serrés interdit le dépassement des véhicules roulant à une allure normale.

Elle est généralement implantée sur les routes sinueuses et fréquentées.
Il est possible, si l'espace et la visibilité sont suffisants, de dépasser un véhicule circulant lentement alors qu'il serait dangereux de dépasser un véhicule circulant à 70 km/h.

Exception! Sur une autoroute ou sur une route express à hauteur d'une sortie, le dépassement est autorisé quelle que soit l'allure du véhicule.

▲ *Interdiction de franchir si la ligne continue est la plus proche du véhicule.*

▲ *Impossible de finir le dépassement, il faut renoncer et revenir à droite.*

▲ *La ligne autorise le dépassement de ce véhicule lent mais la visibilité ne permet pas de dépasser maintenant.*

Conditions indispensables pour dépasser

Vérifier qu'aucune signalisation n'interdise la manœuvre (panneau ou marquage)

Ne pas gêner devant

Bonne visibilité devant.

S'assurer de la bonne visibilité vers l'avant. Dans l'idéal, aucun véhicule ne doit venir en face. Le véhicule que l'on envisage de dépasser ne doit pas avoir d'obstacle devant lui qui l'obligerait à faire un écart à gauche (un piéton ou un cycliste, par exemple).

Ne gêner personne.

Il est interdit de dépasser :
- à l'approche des virages ou d'un sommet de côte, sauf si la chaussée bénéficie de 2 voies allant dans le même sens de circulation,
- par temps de brouillard, de forte pluie ou chute de neige si la visibilité est insuffisante,
- en suivant quelqu'un sur les routes à double sens si on ne voit pas devant,
- un engin de service hivernal en mission (gyrophares bleus).

Ne pas gêner derrière

Vérifier que personne n'est sur le point de nous dépasser.

Ne pas oublier de tourner la tête à gauche pour s'assurer que personne n'est dans la zone de l'angle mort.

Ne pas dépasser la vitesse maximale obligatoire

Pouvoir se rabattre

Savoir à l'avance où l'on pourra se rabattre.

Avant de commencer la manœuvre, il faut prévoir de se rabattre sans gêner le véhicule dépassé et surtout sans lui faire une "queue de poisson".

▲ *Le conducteur doit s'interroger : est-ce que je vais gêner les véhicules en face ? Où pourrais-je me rabattre sans gêner ?*

▲ *Aucun usager venant par l'arrière ne doit être sur le point de dépasser.*

▲ *Si une seule des conditions n'est pas remplie, la décision de dépasser ne peut être prise.*

Dépassements difficiles

■ Les deux-roues :
laisser un espace d'au moins 1 m en ville et 1,50 m à la campagne.

Possibilité de les dépasser à condition d'être sûr de ne pas gêner en face :
- dans les priorités à droite si l'on voit que personne n'arrive,
- dans les virages et les sommets de côte à condition de ne pas franchir le milieu de la chaussée.

■ Intersections prioritaires.

On peut dépasser, mais il faut surveiller les usagers qui viennent de gauche et de droite.
En cas de doute, mieux vaut renoncer.

■ File de véhicules.

Possibilité de dépasser plusieurs véhicules en une seule fois, en s'assurant qu'aucun d'entre eux ne va déboîter pour effectuer un dépassement (maintenir le clignotant allumé pendant toute la manœuvre).

■ Passages à niveau avec barrières ou demi-barrières.

C'est possible si la signalisation ne l'interdit pas, mais il vaut mieux attendre d'avoir franchi le passage à niveau.

**■ Passages pour piétons.
Avec prudence !**

Une voiture qui approche d'un passage et qui ralentit peut masquer un piéton qui entame une traversée de la chaussée !

■ Manque de visibilité sous conditions !

Le dépassement est possible si une ligne continue protège la voie de dépassement même si la visibilité vers l'avant est insuffisante (virage, côte, brouillard...).

▲ *Dépassement d'un cycliste autorisé dans une priorité à droite, mais à condition que l'intersection soit dégagée !*

▲ *Ce n'est pas parce que le dépassement est autorisé qu'il faut s'engager dans une manœuvre dangereuse (attention au véhicule à l'intersection).*

▲ *Malgré le sommet de côte, le conducteur peut dépasser en utilisant la voie du milieu.*

Comment dépasser en toute sécurité ?

■ Rouler plus vite que le véhicule à dépasser.

Allier vitesse réglementaire et réserve de puissance pour que le dépassement ne dure pas trop longtemps.

■ Avertir en allumant le clignotant gauche.

- Le clignotant gauche est indispensable et s'adresse surtout aux usagers qui suivent.
- Le klaxon ou un appel lumineux est nécessaire si le conducteur qui précède roule trop au milieu de la voie par exemple.
- Maintenir le clignotant pour dépasser plusieurs véhicules.

■ Déboîter après un dernier contrôle.

Un contrôle direct peut être utile surtout sur les routes larges (sens unique par exemple), pour être sûr que personne ne se trouve dans l'angle mort.

■ Dépasser en respectant un intervalle latéral suffisant.

Il faut laisser **un intervalle d'au moins 1 mètre en ville et 1,50 mètre hors agglomération** pour dépasser un deux-roues ou un piéton.
Avec les autres usagers, il faut s'écarter autant que possible.

■ Revenir à droite sans faire de "queue de poisson".

Lorsque le véhicule dépassé apparaît dans le rétroviseur intérieur, il faut se rabattre progressivement en maintenant l'allure.

◀ *Pour dépasser facilement, la différence de vitesse doit être d'au moins 20 km/h.*

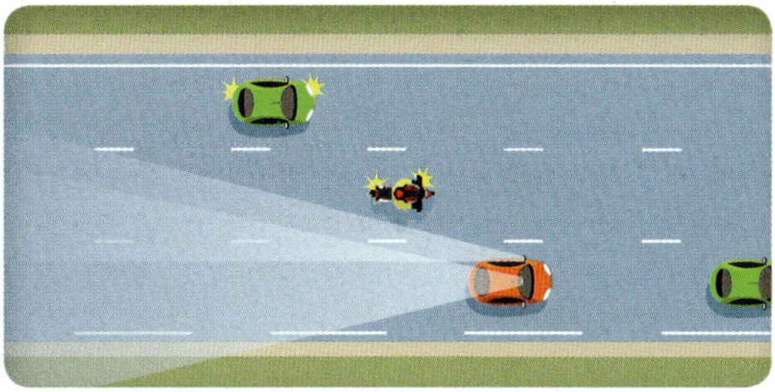

▲ ***Angle mort:*** *zone sans visibilité en dehors du champ des rétroviseurs.*

▲ *Plus on va vite, plus l'espace latéral doit être important.*

▲ *Lorsque le véhicule est visible dans le rétroviseur intérieur, se rabattre progressivement en maintenant l'allure.*

Dépassement par la droite

Dépasser par la droite est une manœuvre interdite dans des conditions normales.

On peut dépasser par la droite un véhicule qui a indiqué son intention de tourner à gauche et si la place le permet.

Lorsque la circulation s'établit en files ininterrompues, si la file de droite va plus vite que la file de gauche, je continue dans ma file : ce n'est pas considéré comme un dépassement.

Être dépassé

Ne pas gêner, ne pas surprendre.

Le conducteur qui est sur le point d'être dépassé, doit :

- garder la même allure et surtout ne pas accélérer afin de ne pas fausser les estimations de l'autre conducteur,
- serrer à droite pour garder un espace latéral maximum,
- si la chaussée est mouillée, mettre les essuie-glaces en vitesse rapide dès que l'autre conducteur arrive à sa hauteur,
- la nuit, repasser en feux de croisement, dès que l'autre conducteur a allumé ses feux de route,
- ralentir pour faciliter le dépassement en cas d'urgence.

▲ *Dépasser par la droite, c'est continuer sa route en surveillant le comportement du conducteur qui tourne à gauche.*

▲ *Ralentir un peu, c'est peut-être éviter un accident à 3 véhicules et plusieurs victimes.*

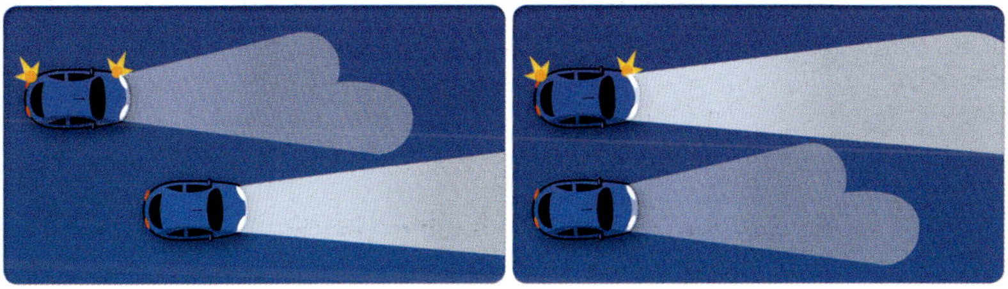

▲ *La nuit, pour ne pas gêner l'autre sans perdre de visibilité, il faut changer de feux pratiquement ensemble.*

La signalisation d’interdiction

■ **Arrêt.**
Immobilisation temporaire du véhicule.

Le conducteur n’est pas bien loin ; il peut déplacer son véhicule à tout moment.
Cela concerne la montée ou la descente des passagers, le chargement ou le déchargement du véhicule.

■ **Stationnement.**
Immobilisation plus ou moins prolongée du véhicule en l’absence de conducteur.

Plus de 7 jours
=
Stationnement abusif

Arrêt interdit.
=
Arrêt et stationnement interdits.

Le marquage jaune continu ou le panneau interdit l’arrêt dans le sens de la marche et jusqu’à la prochaine intersection, que ce soit dans la rue ou sur le trottoir !

Stationnement interdit.
=
Arrêt autorisé.

Le marquage discontinu jaune sur le trottoir (ou la chaussée) interdit le stationnement au-delà du panneau et jusqu’à la prochaine intersection. L’arrêt est toléré.

Attention :
Ce panneau ne met pas fin à l’arrêt et au stationnement interdits.

■ **Entrée de zone** à stationnement interdit.

L’interdiction de stationner s’applique jusqu’à un panneau de sortie de zone ou de sortie d’agglomération.

Stationnement interdit jusqu'à ce panneau.
Arrêt interdit.
Ligne jaune continue.
Stationnement interdit de part et d'autre du panneau.
Emplacements pour véhicules de livraison
LIVRAISON
Place réservée 7j/7 et 24h/24.
LIVRAISON
Place partagée la nuit entre 20 h et 7 h, les dimanches et jours fériés.
Les communes peuvent y autoriser le stationnement aux horaires qu'elles auront fixés par arrêté municipal.
Stationnement interdit au-delà du panneau.
Ligne jaune discontinue.

Stationner ou s'arrêter

Panonceau
Un panonceau placé sous un signal limite la portée de l'interdiction.

- Interdit aux transports de marchandises.

- Interdit aux remorques ou aux caravanes (PTRA ≤ 3,5 t).

- Réservé aux titulaires de la carte de stationnement.

- Réservé aux véhicules électriques pendant leur recharge.

- Réservé aux véhicules bénéficiant du label "autopartage".

- Réservé aux véhicules des usagers pratiquant le covoiturage.

Stationnement payant

Prendre un ticket à un horodateur.

Sur le ticket figure l'heure limite de stationnement. On le place derrière le pare-brise.
Parfois, le paiement peut se faire avec une carte à puce qu'on se procure dans les bureaux de presse.
Dans certaines villes, des parcmètres portables individuels sont utilisés : il s'agit de boîtiers électroniques qu'il suffit d'accrocher au rétroviseur.
Une carte à puce fait office de porte-monnaie et est créditée d'un certain nombre d'unités.

Stationnement gratuit contrôlé par disque

Zones bleues
Les emplacements sont souvent mis en valeur par un marquage bleu.

On prend connaissance de la durée autorisée sur le panneau d'entrée de zone et on place derrière le pare-brise, un disque indiquant l'heure à laquelle on est arrivé.

▲ *Seuls les titulaires de cette carte peuvent s'arrêter ou stationner sur cet emplacement.*

▲

Dans une rue.

▲

Dans toute une zone.

▲

Dans un parking.

"PAYANT" *est parfois inscrit sur le bitume.*

Entrée

Sortie

Stationnement unilatéral à alternance semi-mensuelle

■ **Dans un quartier**

1re quinzaine du mois: stationnement côté impair.

2e quinzaine du mois: stationnement côté pair.

Quand la ville entière est concernée, le panneau est implanté à proximité du panneau d'entrée d'agglomération.

Tous les 15 jours, le stationnement change de côté. Il se fait le 15 et le dernier jour du mois entre 20h30 et 21 h.

Faire systématiquement demi-tour.
Ne jamais stationner à contresens.

■ **Dans une rue**

Interdit du 1 au 15
1re quinzaine du mois.

Du 1er au 15:
interdiction de stationner du côté de la rue où ce panneau est implanté.

Interdit du 16 au 31
2e quinzaine du mois.

Du 16 au 31:
interdiction de stationner du côté de la rue où ce panneau est implanté.

■ **Combinaisons panneaux/panonceaux**
Non seulement le stationnement peut être unilatéral, alterné et semi-mensuel mais en plus, il peut être payant ou contrôlé par disque!

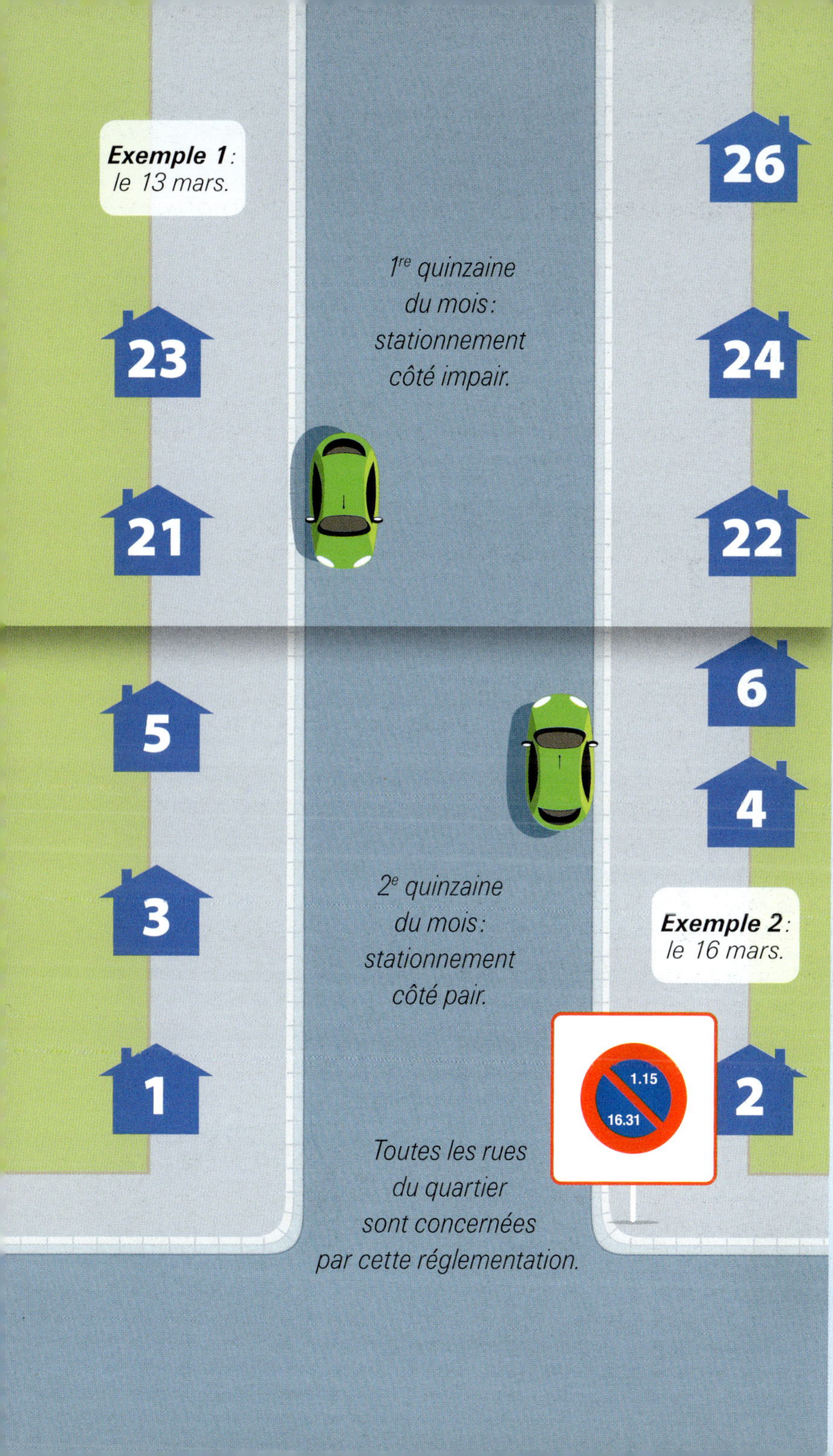
Exemple 1 : le 13 mars.
26
1re quinzaine du mois : stationnement côté impair.
23
24
21
22
6
5
4
3
2e quinzaine du mois : stationnement côté pair.
Exemple 2 : le 16 mars.
1.15
16.31
1
2
Toutes les rues du quartier sont concernées par cette réglementation.

Où stationner en ville ?

Dans une rue à double sens de circulation
On stationne à droite, dans le sens de la marche, le long du trottoir.

Faire un créneau est souvent nécessaire.
Si aucune place n'est libre, il faut aller faire demi-tour pour stationner en sens inverse.
On se place sur les emplacements délimités quand ils existent.

Dans une rue à sens unique
Il est possible de se garer à gauche ou à droite.

Toutes les versions existent : le stationnement peut se faire à droite, à gauche ou des deux côtés dans la mesure où le marquage au sol le permet.

Dans les parkings
Le marquage au sol conditionne la manière de se garer.

En créneau.
La voiture est placée le long du trottoir en marche avant ou en marche arrière.

En épi.
On se gare en biais. L'orientation des lignes impose une marche arrière ou une marche avant.

En bataille.
La voiture est garée perpendiculairement au trottoir.
Stationner en marche arrière offre une meilleure visibilité pour repartir.

▲ *Stationner à contresens est extrêmement dangereux.*
Avant de repartir, il faut prendre en compte les véhicules arrivant en face et ceux arrivant derrière. C'est la raison pour laquelle en ville c'est interdit.

En créneau

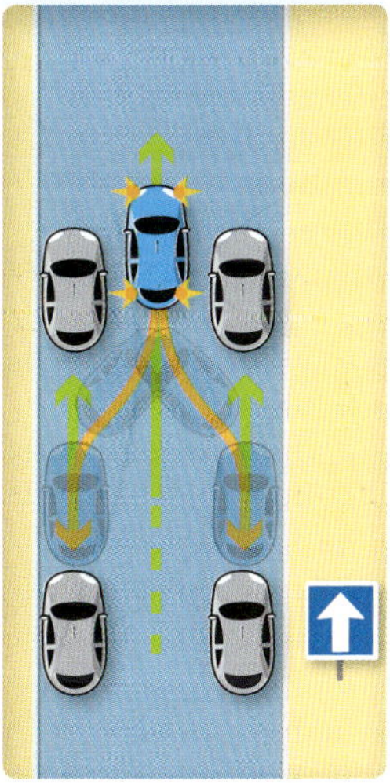

En épi

En bataille

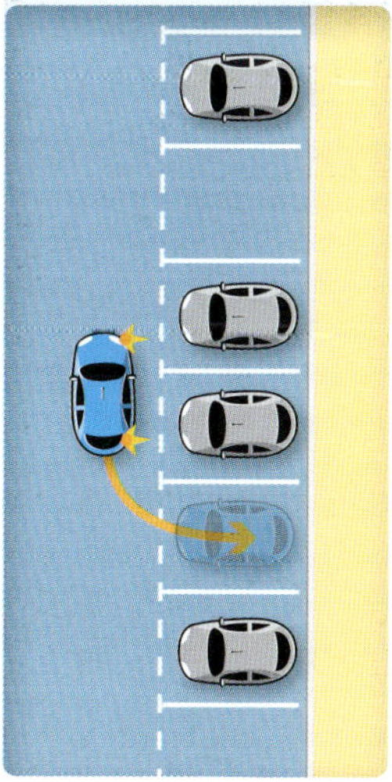

Où stationner en ville ?

Nuit

Si l'éclairage est nul ou insuffisant, il faut au minimum allumer le feu de stationnement côté circulation (ou les feux de position).

Il est inutile de laisser les feux de position allumés si l'éclairage public est suffisant ou si le véhicule est stationné en dehors de la chaussée, par exemple sur un parking.

Arrêt et Stationnements interdits

Dangereux...

À proximité des intersections, des virages, des sommets de côte, des passages à niveau, etc.
- Sur la chaussée la nuit ou par temps de brouillard dans un lieu où il n'y a pas d'éclairage public et lorsque le véhicule n'a pas de feux allumés.

Très gênants...

Sur les endroits réservés à la circulation d'autres usagers :
- Sur les trottoirs (sauf indication contraire), les bandes cyclables, les voies d'autobus, de taxis...
- Sur une distance de 5 mètres en amont des passages piétons (voiture uniquement).
- Sur les emplacements réservés aux titulaires de la carte handicapé.

Gênants...

- À hauteur d'une ligne continue si cela oblige les autres usagers à la chevaucher.
- Sur les ponts, dans les passages souterrains et dans les tunnels.

Stationnements interdits

L'arrêt est toléré lorsque le conducteur a la possibilité de bouger son véhicule à tout moment.

- Devant les entrées privées, les garages, les parcs...
- En double file.
- Sur les emplacements réservés aux véhicules de livraisons ou au rechargement des véhicules électriques.

▲ *Dangereux*

▲ *Gênant*

◀ *Très gênant*

Le montant de l'amende varie selon l'infraction pour l'arrêt ou le stationnement gênant, très gênants ou dangereux.

◀ *Arrêt toléré mais stationnement interdit.*

Où stationner sur route ?

Où stationner en sécurité ?

Sur l'accotement
pour ne pas encombrer
la chaussée.
À droite pour ne pas
traverser la chaussée.

Stationner du côté gauche oblige à traverser la route pour aller sur l'accotement et implique une prise de risque au moment de repartir pour rejoindre la voie de droite.

La nuit

Sur l'accotement
ou dans les parkings,
aucune raison
de signaler le véhicule.

Si pour cause d'incident mécanique ou autre, un véhicule est immobilisé en partie sur la chaussée, il est impératif de le signaler avec les feux de détresse et un triangle de présignalisation en plus des feux.

Arrêt et stationnement interdits

Dangereux :
c'est un stationnement qui,
par son positionnement
peut être à l'origine
d'un accident.

À proximité :
- des intersections,
- des virages,
- des sommets de côte,
- des passages à niveau.

Très gênant :
c'est un stationnement
qui, sans être dangereux,
peut provoquer une
gêne à la circulation.
Amende de 4e classe.

- À proximité des panneaux pour ne pas les cacher.
- Sur les voies vertes, les bandes et pistes cyclables.

Gênant :
c'est un stationnement
qui, sans être dangereux,
peut provoquer une
gêne à la circulation.
Amende de 2e classe.

- Sur les ponts, dans les passages souterrains et les tunnels.
- Aux emplacements réservés à l'arrêt des cars parce que cela les obligerait à s'arrêter sur la chaussée.
- Sur la bande d'arrêt d'urgence.

▲ *En dehors de la chaussée, c'est un endroit où l'on ne gêne personne et qui ne présente pas de danger.*

◀ *Inutile de signaler un véhicule bien garé qui ne gêne personne.*

◀ *S'arrêter ici est très gênant.*

Arrêt et stationnement très gênant : amende forfaitaire de 135 €.

▲ *Pour quitter un stationnement, on met le clignotant gauche seulement quand la voie est dégagée derrière !*

LA PRISE DE MÉDICAMENTS MODIFIE
LES CAPACITÉS D'ATTENTION.

Le conducteur

Conduire 76

Être en état de conduire 88

Qu'est-ce que conduire ?

■ **Conduire** est une activité qui mobilise tous les sens, toute l'attention.

Pour conduire, il faut observer sans cesse son environnement immédiat (intérieur du véhicule) et lointain (extérieur du véhicule); analyser la situation et décider de ce qu'il faut faire; agir sur les commandes et tout cela en permanence.

L'exploration visuelle

Apprendre à voir, c'est s'imposer une méthode d'observation qui permet d'anticiper.

■ **Regarder large**

L'œil ne peut pas tout voir en même temps. Il opère une sélection grâce à la vision périphérique qui capte les mouvements et les contrastes. C'est ce champ de vision qui alerte le cerveau et qui demande à la vision centrale d'aller voir ce que c'est.

■ **Regarder loin**

Pour éviter d'être surpris, il faut déplacer le regard loin devant, jusqu'à 5 secondes au moins devant soi.

■ **Regarder autour de soi**

Les rétroviseurs permettent de voir sur les côtés et vers l'arrière.
Mais il reste indispensable de tourner la tête pour voir dans les angles morts.

■ **Angles morts**

Zones de non-visibité et non couverte par les rétroviseurs.

■ **La nuit**

Pour ne pas être ébloui lors d'un croisement, diriger le regard vers le bord droit de la chaussée.

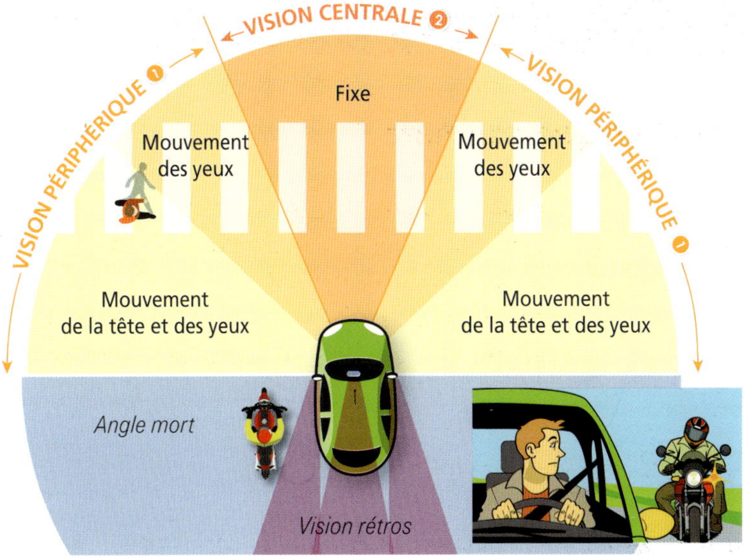

Le champ de vision périphérique 1 est très important pour détecter les autres usagers en circulation. Le champ de vison centrale 2 est très important pour identifier tous les indices nécessaires à la conduite.

▲ *A l'arrêt 180°. La largeur du champ visuel rétrécit avec la vitesse; certains indices échappent au conducteur.*

À 50 km/h	*5 secondes = 70 m*
À 90 km/h	*5 secondes = 125 m*
À 130 km/h	*5 secondes = 180 m*

Stratégie de conduite

Sur la route, les situations changent rapidement. L'œil ne peut pas voir tous les indices en même temps. À travers la foule d'informations parvenant à notre cerveau, il faut pouvoir détecter celles qui sont susceptibles d'être une source de danger.

■ Observer

Positionner le regard pour assurer la direction du véhicule et rechercher les indices.

■ Analyser et prévoir
Pour chaque indice important, le conducteur prévoit ce qui peut se passer.

Le conducteur évalue les situations potentiellement à risque. Il envisage les solutions possibles et choisit la meilleure solution.
On ne voit pas tout car on prélève qu'un échantillon de l'information disponible. Mais heureusement, l'expérience permet de sélectionner dans un temps court, les indices pertinents.

■ Agir
Ces 3 moyens utilisables ensemble ou séparément permettent au conducteur de ne pas gêner ou d'être surpris.

Le conducteur intervient sur les commandes de son véhicule pour ne pas gêner ni être surpris.

3 types d'actions possibles :

- changer de trajectoire (les modifications de trajectoire sont souvent très limitées),
- modifier son allure (pour freiner, pour accélérer ou pour augmenter les distances de sécurité),
- avertir les autres usagers (les avertisseurs permettent de signaler sa présence aux autres).

VOIR Quels sont les indices à prendre en compte ?

▲ *Le piéton semble décidé à s'engager hors du passage.*

PENSER

À quoi faut-il s'attendre ?
Que faut-il faire ?

▲ *Cette voiture s'est décalée. Elle risque de me dépasser.*

▲ *Je dois céder le passage à droite*

AGIR Que puis-je faire au plus vite ?

Lâcher l'accélérateur pour réduire ma vitesse et mettre le pied devant le frein.
Alerter celui qui me suit en appuyant sur la pédale de frein.
Rétrograder...

Les situations à risques

■ Connaître les risques pour les prévoir. L'expérience permet de cibler les indices importants.

La prévision et la décision sont plus rapides si le conducteur a déjà rencontré une grande variété de situations comparables. Il sait alors mieux ce qui peut se passer et ce qu'il doit faire :
cela s'appelle "l'expérience".

■ **Exemples :**

Détecter le regard de l'autre.

- **Les intersections.**
  Ralentissez, c'est un lieu où se rejoignent tous les usagers. Assurez-vous d'avoir été bien vu et compris.

N'oubliez pas de regarder en vision direct (tourner la tête).

- **Les changements de direction.**
  Avant de changer de direction, vérifiez la circulation devant, derrière et mettez votre clignotant. Soyez particulièrement vigilant le long des bandes cyclables si vous tournez à droite.

Surveillez attentivement les rétroviseurs. Un motard est moins bien perçu qu'une voiture.

- **Le dépassement.**
  Avant de dépasser, assurez-vous de la visibilité vers l'avant, de l'absence d'autres usagers vers l'avant ou au niveau d'une intersection et de ne pas être sur le point d'être dépassé.

Conduire pour soi et pour les autres

■ Le code de la route ne résout pas toutes les situations. Il faut savoir laisser sa place aux autres.

S'insérer sur une voie rapide, quitter un stationnement, aborder une intersection encombrée, arriver sur un croisement difficile, circuler en présence d'un véhicule encombrant ou prioritaire. Toutes ces situations sont résolues si on met du bon sens et de la courtoisie.

1
Voir

Où devez-vous regarder?
Sur quoi devez-vous porter votre attention?

Une rue, des voitures stationnées, une roue braquée, un conducteur au volant... Ces éléments constituent des indices. Pour chaque indice, le conducteur imagine ce qui pourrait se passer.

2
Penser

À quoi faut-il s'attendre? Que faut-il faire? Prévoyez l'issue de chacune des solutions possibles.

Le conducteur évalue les risques et choisit la meilleure solution. Pour chaque indice important, il prévoit ce qui peut se passer. Le conducteur ne vous a peut-être pas vu... La voiture peut quitter son stationnement...

3
Agir

Une fois la décision prise, agissez dans le but d'éviter un danger: mettez le pied devant le frein, klaxonnez, freinez, écartez-vous...

Communiquer avec les autres

Être vu et bien compris est indispensable pour ne pas gêner et ne pas surprendre.

■ Les clignotants
Pas trop tôt pour ne pas surprendre.

Utiliser le clignotant avant tout changement de direction, dépassement, changement de voie, pour s'arrêter ou pour sortir d'un stationnement même sans usager visible.

■ Le klaxon
Il est interdit en ville ou la nuit, sauf en cas de danger immédiat.

Les signaux sonores doivent être brefs et justifiés pour avertir les autres usagers (dépassement, approche d'une intersection, d'un virage, etc.).

■ Les avertisseurs lumineux

Ralentir: faire clignoter les feux stop.

La nuit: avertir d'un danger par les appels lumineux.

Les feux stop s'allument dès que le conducteur appuie sur la pédale de frein. Pour attirer l'attention des autres usagers qui suivent, il est utile de les faire clignoter.

On utilise les appels lumineux la nuit par exemple en cas d'éblouissement, avant de dépasser à l'approche d'une intersection ou pour avertir les autres. Ils ne sont pas interdits de jour.

■ Les feux de détresse
Ils permettent de signaler une situation anormale et évite de se faire percuter par l'arrière par un conducteur n'ayant pas vu au loin le ralentissement.

Il faut les allumer:
- si le véhicule roule à une allure très réduite (ennui mécanique),
- si on est le dernier véhicule d'une file arrêtée ou si un ralentissement brusque se produit,
- si on est en panne sur la chaussée ou sur la bande d'arrêt d'urgence.

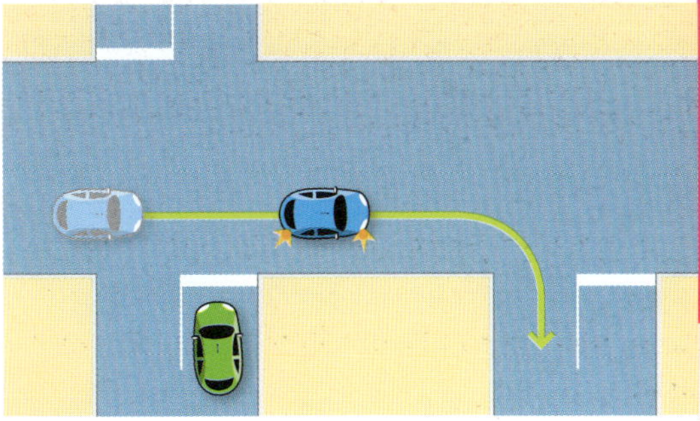

Actionner le clignotant au bon moment, ni trop tôt, ni trop tard, le temps pour les autres de comprendre et de réagir. L'éteindre dès que la manœuvre est terminée.

Virage sans visibilité. Klaxonnez pour prévenir et ralentissez !

Un appel lumineux rappellera à l'ordre ce conducteur !

Allumez les feux de détresse pour alerter les autres que la circulation est arrêtée.

Parfois un signe de la main, un sourire pour remercier ou faire signe de passer. Un regard pour s'assurer d'avoir été vu.

Maintenir des intervalles de sécurité autour du véhicule

Devant soi
L'intervalle entre deux véhicules doit être au minimum de deux secondes.

Choisir la meilleure position sur la route, c'est se tenir à bonne distance des autres usagers.
En ne se rapprochant jamais trop des autres, le conducteur conserve un espace confortable qui lui laisse le temps de modifier son allure ou sa trajectoire.
Il se donne ainsi le temps d'agir si la voiture qui précède freine, ou fait un écart.

Plus de 2 secondes

- si la circulation est dense, par mauvais temps,
- si vous êtes suivi de près,
- si vous êtes fatigué ou préoccupé...

Derrière soi
Contrôler régulièrement les rétroviseurs.

Sur le côté, pour les piétons, deux-roues, cavaliers et animaux :
- **1 m mini en ville**
- **1,50 m mini à la campagne**

Tenir compte des écarts fréquents et non prévus.
En dépassant ou en croisant un autre véhicule.
Il est nécessaire d'adapter la distance et sa vitesse au risque.
Plus l'espace de liberté est important, plus il est facile d'éviter un problème.

Dans un tunnel

Dans certains tunnels, des diodes bleues sur les parois ou des chevrons au sol, aident au maintien de la distance de sécurité.
Une distance correcte correspond à 2 diodes bleues ou 2 chevrons.

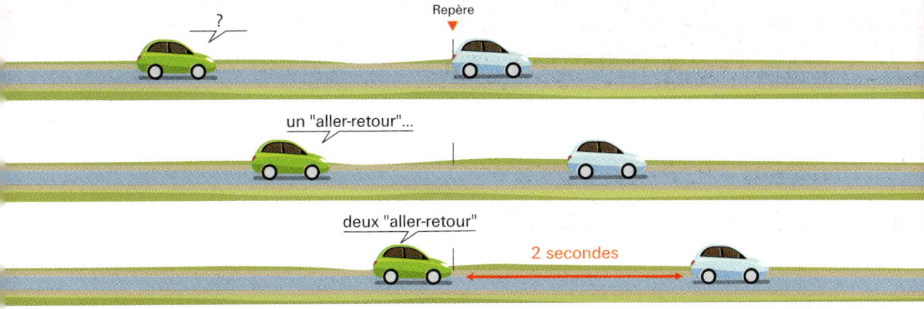

▲ *Comment évaluer 2 secondes en conduisant ? Attendre que le véhicule devant arrive à hauteur d'un repère fixe (poteau, panneau...).*
Dites "1 aller-retour, 2 aller-retour". Si vous êtes au repère avant d'avoir terminer la phrase, c'est que vous suivez le véhicule de trop près. Ralentissez !

▶ *Calcul approximatif mais rapide pour connaître cet intervalle en mètres.*

Vitesse	1 seconde	Distance de sécurité
50 km/h	5 x 3	15 x 2 ▶ 30 m
70 km/h	7 x 3	21 x 2 ▶ 42 m
90 km/h	9 x 3	27 x 2 ▶ 54 m
110 km/h	11 x 3	33 x 2 ▶ 66 m
130 km/h	13 x 3	39 x 2 ▶ 78 m

▲ *2 traits de la bande d'arrêt d'urgence représentent un bon intervalle de sécurité à 130 km/h.*

▼ *Ligne de rive sur autoroute.*

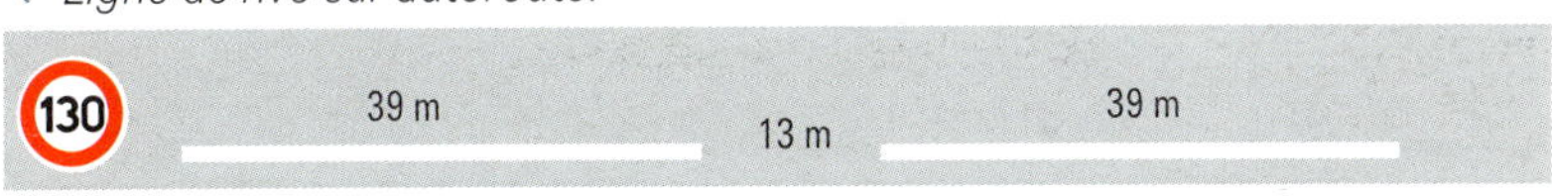

▼ *Ligne de délimitation de voies sur route.*

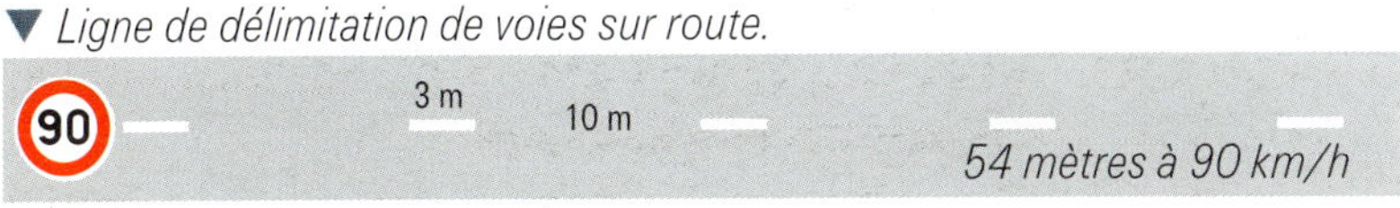

▼ *Ligne de rive sur route.*

S'arrêter à temps

Le temps de réaction
Pendant le temps de réaction, le véhicule continue d'avancer à la même vitesse.

Un conducteur surpris par un événement met du temps avant d'agir: c'est le temps de réaction.
La durée moyenne est évaluée à une seconde mais peut atteindre deux secondes (ou plus) suivant la vigilance ou l'état physique du conducteur:
- fatigue,
- distraction (téléphone, conversation...),
- prise d'alcool, de drogue ou de médicaments.

La distance de freinage
C'est dès la mise en action des freins jusqu'à l'arrêt du véhicule.

La distance de freinage dépend de la vitesse et de l'adhérence.
Lorsque l'adhérence est réduite (boue, feuilles, gravillons, pluie, neige, verglas...), la distance de freinage est allongée.
Sur chaussée mouillée, elle est multipliée par deux.
C'est la vitesse qui a le plus d'influence sur la distance de freinage car celle-ci varie avec le carré de la vitesse.
Quand la vitesse double, la distance de freinage est multipliée par quatre.

La distance d'arrêt
C'est la distance nécessaire pour s'arrêter:
RÉACTION + FREINAGE

La distance d'arrêt dépend:
- du degré de vigilance du conducteur (le temps de réaction peut varier d'1/2 seconde à deux, voire trois secondes),
- de la vitesse adoptée par le conducteur,
- de l'adhérence.

Le temps de réaction.

Le temps de réaction *correspond à la durée que met le conducteur, lorsqu'il rencontre une situation d'urgence pour :*

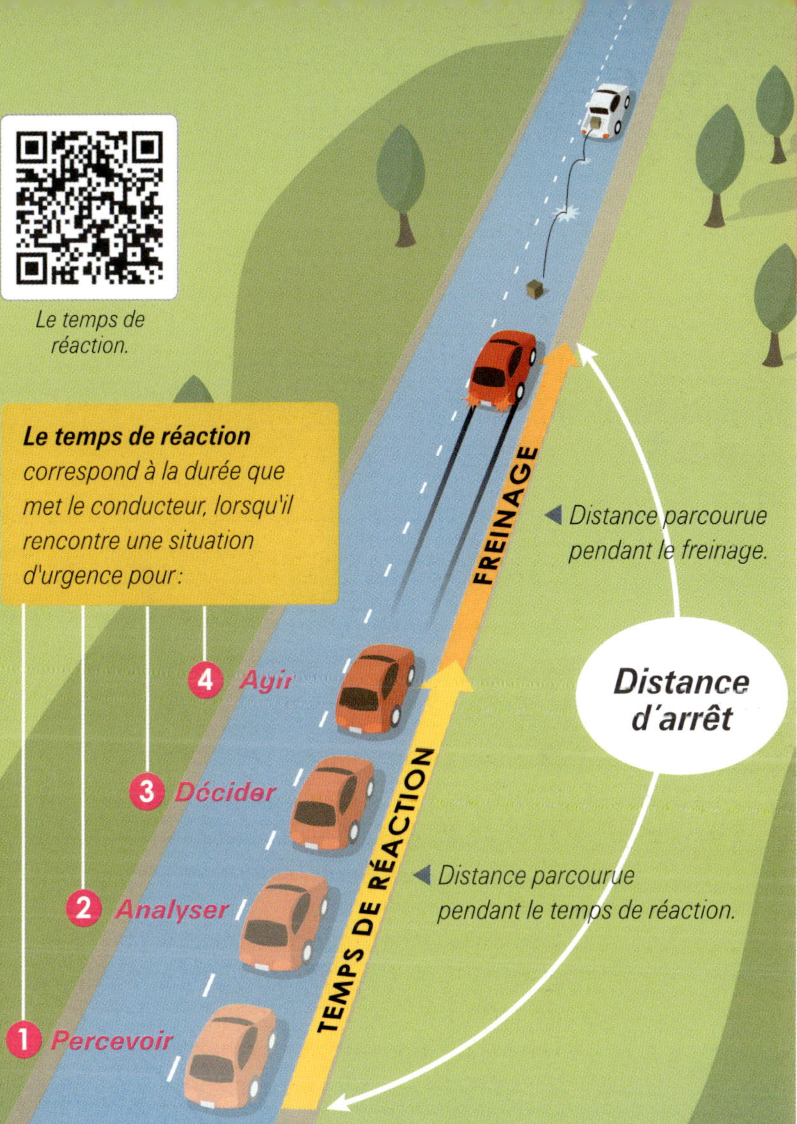

Vitesse	Route sèche	Route mouillée
50 km/h	25 m	38 m
90 km/h	81 m	122 m
130 km/h	169 m	254 m

- ***Sur route sèche,*** *multiplier par lui-même le nombre des dizaines de la vitesse.*
- ***Sur route mouillée,*** *ajouter la moitié du résultat obtenu.*

▲ *Calcul rapide et approximatif de la distance d'arrêt.*

Évaluer son état physique

Conduire un véhicule exige certaines capacités physiques : motricité, rapidité d'action, vision, audition...

Pour l'obtention du permis, un candidat doit signer une déclaration sur l'honneur sur un formulaire (Cerfa 02) et signaler l'existence ou non d'une infirmité d'un ou plusieurs membres, ou d'une maladie incompatible avec la conduite.
Dans certains cas, le candidat devra se présenter devant une commission médicale. Les médecins décident au cas par cas de délivrer ou non une autorisation et du code qui sera inscrit sur le permis de conduire.

Maladies

Certaines maladies peuvent entraîner une restriction temporaire ou définitive du permis de conduire (hypertension sévère, diabète sévère, épilepsie, dépendances aux drogues, apnée du sommeil...). Elles nécessitent un suivi. La conduite ou la reprise de la conduite est soumise à un examen médical.

Handicaps

Parfois des aménagements (rétroviseurs bilatéraux, embrayage automatique, etc.) peuvent permettre de conduire.
Lorsque ces aménagements prennent un caractère obligatoire, des restrictions sont alors portées sur le permis de conduire.

La responsabilité du conducteur

Aucune visite médicale n'est obligatoire pour conserver le permis B.
Chaque automobiliste a une responsabilité dans l'évaluation de son état de santé et de ses capacités à conduire. C'est pourquoi, il est indispensable de faire vérifier régulièrement ses capacités physiques à conduire.

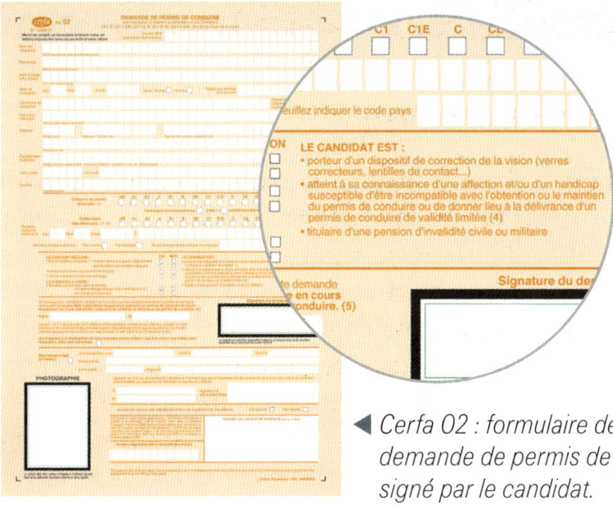
C1 C1E C CE

...euillez indiquer le code pays

...ON

LE CANDIDAT EST :
- porteur d'un dispositif de correction de la vision (verres correcteurs, lentilles de contact...)
- atteint à sa connaissance d'une affection et/ou d'un handicap susceptible d'être incompatible avec l'obtention ou le maintien du permis de conduire ou de donner lieu à la délivrance d'un permis de conduire de validité limitée (4)
- titulaire d'une pension d'invalidité civile ou militaire

...de demande ...e en cours ...onduire. (5)

Signature du de...

PHOTOGRAPHIE

Cerfa 02 : formulaire de demande de permis de conduire signé par le candidat.

Conduire un véhicule à moteur sans respecter une restriction d'usage mentionnée sur le permis de conduire (exemple : conduire sans lunette) est sanctionné par une amende forfaitaire de 135 € et d'un retrait de 3 points (immobilisation du véhicule possible).

L'apnée obstructive du sommeil correspond à des pauses respiratoires pendant le sommeil qui durent entre dix et trente secondes et se répètent dans la nuit. Elle peut être une cause d'inaptitude médicale.

Elle est souvent traitée avec un masque de nuit. Cela permet de mieux se reposer et donc d'éviter les phases de somnolence au volant.

La vue du conducteur

Pour les permis moto (A) et voiture (B), le minimum exigé est de 5/10e pour l'ensemble des 2 yeux.

L'acuité visuelle minimale exigée pour l'obtention du permis B est de 5/10e pour l'ensemble des deux yeux.
Si un œil a une acuité nulle (un borgne, par exemple) ou inférieure à 1/10e, l'autre œil doit avoir une acuité d'au moins 5/10e.

Si ce minimum est atteint à l'aide de lunettes correctrices, le code 01 (dispositif de correction et/ou de protection de la vision) est inscrit au verso du permis de conduire.

La conduite réclame une excellente vision car il faut à la fois voir le tableau de bord et loin devant soi.

La vue peut se dégrader avec l'âge ou certaines maladies, faites vérifier votre vue régulièrement.
Le port de verres teintés est déconseillé pour la conduite de nuit.

L'ouïe

Aucune restriction pour le permis B mais bien entendre permet d'interpréter correctement les informations sonores utiles pour se situer dans la circulation.

Entendre klaxonner, des freins qui crissent, le pin-pon des pompiers ou le pin-pon pin de l'ambulance... Autant de sons qui communiquent des informations au conducteur.
Écouter de la musique à un volume sonore trop élevé engendre de réels dangers pour la conduite : le conducteur dispose d'un nombre réduit d'informations liées à la circulation.
Après la vue, l'ouïe est le sens le plus sollicité au volant. Bien entendre vous permet de vous situer dans l'environnement, mais aussi de distinguer, de localiser et d'interpréter correctement les informations sonores.

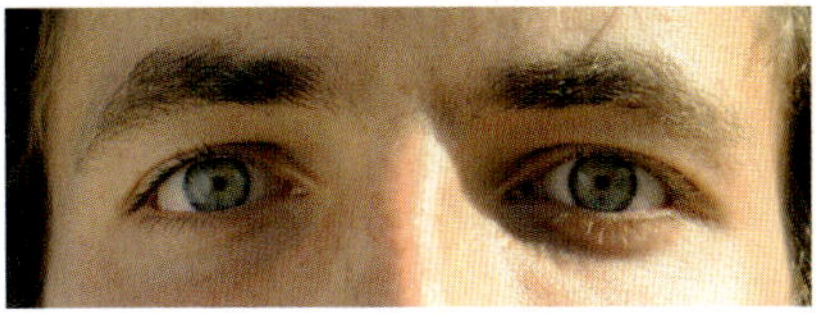

Une bonne acuité visuelle permet de distinguer les détails, d'apprécier avec justesse les distances et les vitesses.

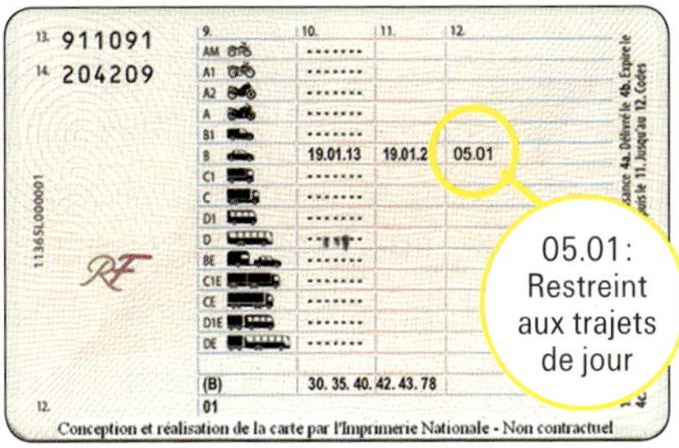

En cas de maladie perturbant la vision de nuit, le permis peut être limité à la conduite de jour.

L'implantation des panneaux sur la route tient compte des caractéristiques de la vision humaine.

Une bonne acuité visuelle (proche de 10/10èmes) permet de lire un panneau d'entrée d'agglomération à environ 50 m du panneau (25 m seulement si 5/10èmes)et un panneau de limitation de vitesse hors agglomération à environ 150 mètres (75 m seulement si 5/10èmes).

La couleur bleue d'un panneau sur autoroute est reconnaissable à environ 500 m.

Écouter de la musique au casque isole le conducteur de toutes les informations essentielles.

Afin de préserver l'attention du conducteur, il est interdit de porter des oreillettes, des écouteurs ou un casque audio.

La prise de médicaments

Ils agissent sur le système nerveux.

Attention! Associer alcool/médicaments et/ou drogues amplifie considérablement les effets indésirables.

Vertiges, sensation d'ivresse, troubles de la vision, hallucinations: la prise de certains médicaments, en apparence inoffensifs, peut modifier le comportement au volant.

Les médicaments susceptibles de provoquer une somnolence ou une perte de vigilance comportent, sur la boîte, l'un des trois pictogrammes selon le niveau du risque.

Les effets varient d'une personne à l'autre et un médicament de niveau 2 peut avoir des effets de niveau 3 sur certaines personnes.

La prise de drogues

Elles agissent sur le cerveau et modifient son activité.

L'usage de toutes les drogues est interdit en France.

Environ 2,5 % des accidents mortels auraient pu être évités si aucun conducteur n'avait conduit après avoir fumé du cannabis.

La consommation de drogues (cannabis, ecstasy...) s'accompagne de troubles du comportement incompatibles avec la conduite.

■ **Le contrôle des drogues**
Par analyse d'urine ou test salivaire.

La voiture est immobilisée en cas de dépistage positif.

Cannabis, ecstasy, cocaïne... La plupart des drogues sont détectables par test salivaire.

Le dépistage des stupéfiants est systématique en cas d'accident mortel. Le dépistage est possible en cas d'accident, d'excès de vitesse, de non-port de la ceinture ou de simple soupçon!

◄ *Même les médicaments vendus sans ordonnance peuvent avoir des effets incompatibles avec la conduite.*

◄ *Les traces de drogues restent longtemps dans l'organisme.*

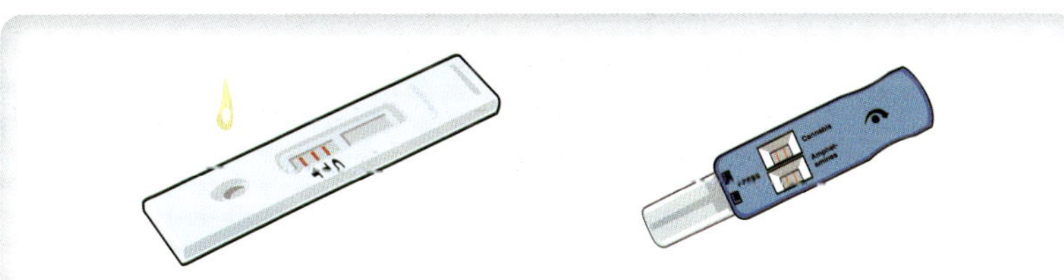

▲ *Les traces de cannabis peuvent rester jusqu'à cinq jours dans les urines, voire plus si la consommation est régulière.*

Conduire après consommation de stupéfiants est un délit et fait encourir les mêmes peines qu'une alcoolémie de 0,80 g/l.

L'alcool

Alcoolémie
Le taux à ne pas atteindre est de :
- 0,20 g/l de sang pour les conducteurs en situation d'apprentissage ou titulaire d'un permis soumis au délai probatoire,
- 0,50 g/l de sang pour les autres.

C'est la quantité d'alcool pur contenue dans 1 litre de sang. Elle se mesure :
- en gramme d'alcool par litre de sang (g/l),
- en milligramme d'alcool par litre d'air expiré (mg/l).

0,20 g/l de sang correspond à 0,10 mg/litre d'air expiré.

Doses standards et verres bien dosés
Dès le 1er verre, le taux peut atteindre 0,25 g/l de sang.

L'alcoolémie atteint son maximum entre une ou deux heures si l'on a mangé, et seulement entre 15 et 30 minutes si l'on n'a pas mangé.

Effet de l'alcool
- Vision rétrécie.
- Réactions longues.
- Comportement agressif.
- Gestes imprécis.

L'alcool provoque :
- des troubles de l'équilibre,
- une plus grande sensibilité aux éblouissements,
- une réduction du champ visuel,
- une diminution des facultés de choix et de raisonnement,
- un allongement de la durée du temps de réaction,
- une mauvaise évaluation des distances.

Élimination de l'alcool
0,15 g/l et par heure, c'est l'élimination moyenne pour une personne.

Le foie élimine l'alcool à 95 % mais chaque individu n'élimine pas la même quantité : la fourchette varie entre 0,10 et 0,20 gramme par litre de sang en une heure. Pour éliminer totalement 1 verre d'alcool, 2 heures ne suffisent pas.

▲ *Chaque verre contient la même dose d'alcool.*

▲ *Réflexes plus lents, gestes moins précis, prise de risques sont les éléments qui dégradent la conduite.*

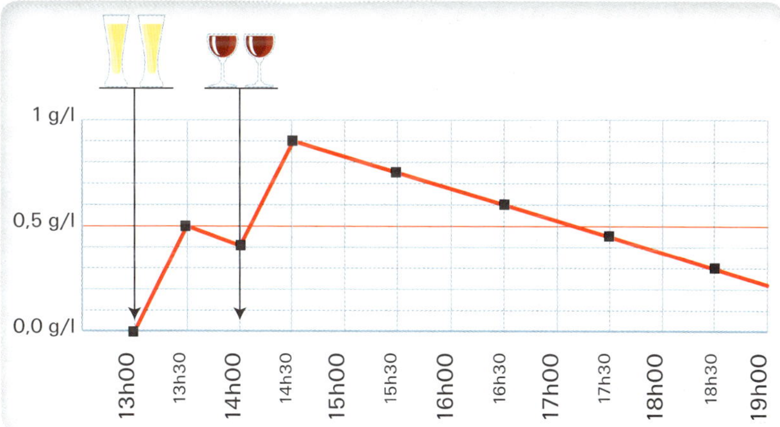

▲ *Élimination de l'alcool dans le temps par l'organisme.*
La seule solution pour éliminer les effets de l'alcool est l'attente.
N'attendez pas de miracle des boissons énergisantes, du café, de l'eau ou autres bonbons, ils ne sont d'aucune efficacité.

L'alcool

■ **Idées fausses**

- Boire de l'eau, du café, réduit le taux d'alcool?

  VRAI ☐ FAUX ☑

- Alcool + jus d'orange ou soda diminue la teneur en alcool?

  VRAI ☐ FAUX ☑

■ **Contrôle alcoolémie**

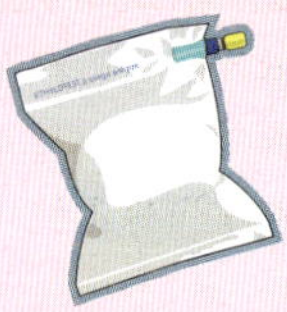

Auto-testez-vous !

Test = Présomption
(Alcootest - Éthylotest).

Mesure = Preuve
(Éthylomètre - Prise de sang).

Alcootest:
le réactif vire au vert au contact de l'alcool.

Éthylotest:
l'appareil électronique affiche directement l'alcoolémie.

Éthylomètre:
il mesure directement et précisément la concentration d'alcool dans l'air expiré (mg/l d'air).

Ce contrôle précis et non contestable est obligatoire en cas de résultat positif avec l'alcootest ou l'éthylotest, de refus du test ou d'ivresse importante.

En cas d'impossibilité de faire autrement, une prise de sang est effectuée (g/l de sang).

En cas d'alcoolémie positive, la voiture est immobilisée jusqu'à ce qu'un conducteur sobre puisse prendre le volant.

Les forces de l'ordre contrôlent les conducteurs.

- **Contrôles obligatoires:**
  accident corporel, infraction grave.
- **Contrôles facultatifs:**
  - accident matériel, (même non responsable)
  - infraction, en cas de soupçon lors d'un contrôle routier.

▲ *Lors de sorties, élire un "cap'taine de soirée" qui ne boira pas d'alcool pour ramener ses potes à bon port !*
Chez les 18-24 ans l'alcool est présent dans 25 % des accidents mortels.

Contravention : Dès 0,20 g/l de sang pour les conducteurs en période probatoire. Dès 0,50 g/l de sang pour les autres. Retrait de 6 points.

Délit : À partir de 0,80 g/l de sang pour tous les conducteurs (0,40 mg/l d'air expiré). Retrait de 6 points.

La vigilance

C'est la capacité à répondre à tout moment à tout événement.

Voici quelques circonstances ou comportements qui peuvent causer la baisse de vigilance :

- la monotonie de la conduite (parcours de nuit ou sur autoroute déserte par beau temps),
- la routine (un trajet tellement connu qu'on n'y fait plus attention),
- les fortes émotions (joie, colère, on n'est plus en train de penser à la conduite),
- la distraction, la fatigue...

La distraction

Un phénomène très présent. On manipule sa radio, son GPS, on mange, on boit, on se rase, on se maquille, on téléphone, on s'occupe des enfants à l'arrière, on attrape un objet dans la boîte à gants, on lit ses textos, on parle politique, on regarde le paysage...
Bref, toutes ces activités éloignent le conducteur de son attention sur la route.

Comment éviter les distractions ?

Gérer son temps de manière à ne pas faire plusieurs choses en même temps.
Pour garder toute la concentration nécessaire à la conduite :

- ne pas répondre au téléphone en conduisant,
- laisser faire la messagerie ou votre passager,
- n'appeler qu'après avoir trouvé un endroit sûr pour stationner.

Jeter des coups d'œil sur le GPS est semblable à jeter des coups d'œil sur l'indicateur de vitesse.
Il faut que cela soit furtif. Au delà de 2 secondes, c'est dangereux.

▲ *Toute activité empêchant de garder sa concentration peut amener le conducteur à ne pas percevoir un danger et à réagir trop tard.*

Une discussion téléphonique avec un portable tenu à la main ou en utilisant un kit mains-libres avec une oreillette est interdite. Commettre cette infraction est passible d'une amende de 135 € et d'un retrait de 3 points.

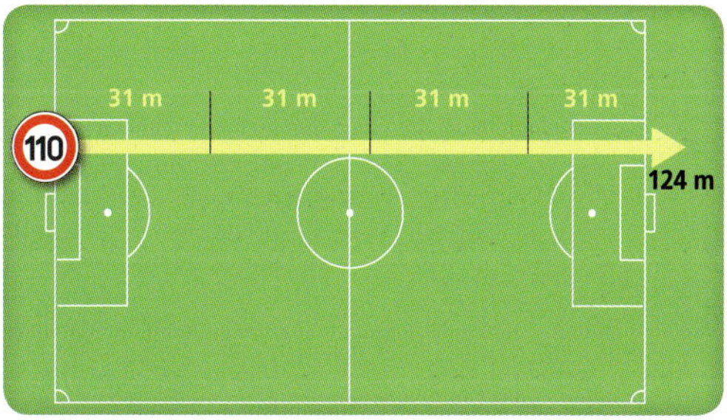

◄ *Si vous quittez la route des yeux pendant 3 ou 4 secondes à une vitesse de 110 km/h, le véhicule se déplace de la longueur d'un terrain de football.*

La somnolence

Attention!
Dès les premiers signes de somnolence, inutile de lutter. Vous manquez de sommeil.
Arrêtez-vous et dormez. Une sieste de 20 minutes permet de récupérer 50 % de ses capacités physiques.

La somnolence provient d'un manque de sommeil. Elle se traduit par une difficulté à rester éveillé même lors de la conduite.
La somnolence n'est pas forcément liée à la durée de la conduite; elle survient suite à une veille prolongée et à une condition physique altérée.
Elle survient aussi chez une personne qui souffre d'apnée du sommeil et qui n'est pas traitée.
En effet, le sommeil est fragmenté de réveils très courts, il n'est pas réparateur, donc la personne somnole souvent dans la journée et peut même s'endormir au volant !

Comment éviter la somnolence.
Le risque de somnolence augmente sensiblement entre 13 h et 15 h, et encore plus entre 3 h et 5 h.

- Ne pas prendre la route en étant en dette de sommeil.
- Privilégier des horaires de conduite où le risque d'accident est plus faible.
- Prenez un repas équilibré et léger, sans alcool!
- Si vous suivez un traitement, soyez attentif aux effets secondaires!
- Attention, rouler vite induit une fatigue supplémentaire (en effet, la vitesse oblige le cerveau à traiter davantage d'informations).
- Effectuer des pauses fréquentes même si vous ne vous sentez pas fatigué!

Une pause d'1/4 d'heure toutes les 2 heures.

Voici comment un conducteur s'endort au volant :

▶ Les premiers signes d'alerte

- *Difficultés à se concentrer.*
- *Picotement des yeux.*
- *Paupières lourdes*
- *Bâillements répétés.*
- *Raideurs dans la nuque et le dos.*
- *Fourmillement dans les jambes.*
- *Besoins incessants de changer de position.*

▶ Premier et dernier avertissement

Son esprit décroche par moments.
Il pense lutter contre la torpeur. Il aère l'habitacle.
Il se ressaisit une fois... deux fois...

▶ Endormissement

Et il s'assoupit d'un seul coup !

▲ *Le bâillement est un signe annonciateur, il faut faire une pause sans tarder.*

▶ *Le risque d'endormissement varie en fonction des heures de la journée.*

Les heures à risques

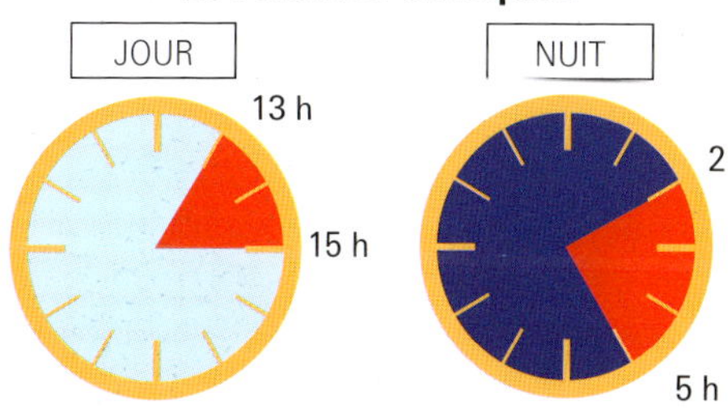

Évaluer son état psychologique

■ Le stress

L'excès de stress augmente les risques d'accidents de la route puisqu'il agit directement sur le comportement du conducteur et sur sa capacité à traiter l'information.

■ L'excès de confiance

L'excès de confiance d'un conducteur peut le mener à sous-évaluer les risques, à rouler trop vite et à prendre de mauvaises habitudes (omettre les clignotants, négliger les contrôles...).

■ Les émotions
Elles peuvent altérer la concentration nécessaire à la conduite.

Une dispute ? une rupture amoureuse ?...
Ne laissez pas les émotions entrer dans la voiture.

■ Les influences des autres
Ne pas être influencé par les autres usagers ou par ses passagers.

Il est toujours possible de se retrouver dans une situation où les autres usagers vous mettent la pression.

Attention ! Ne prenez pas de risques inutiles face aux demandes de vos passagers, c'est vous qui décidez !

Au volant, vous serez amené à prendre des décisions rapides et précises. Quand vous faites des choix judicieux, vous contribuez à éviter beaucoup de situations dangereuses.

▲ *L'erreur peut parfois être due à l'agressivité des autres usagers. Ne cédez pas à la panique !*

▶ *Le passager peut tenter d'influencer votre comportement, ne l'écoutez pas !*

▼ *Le conducteur fait des choix qui font varier le niveau de risque.*

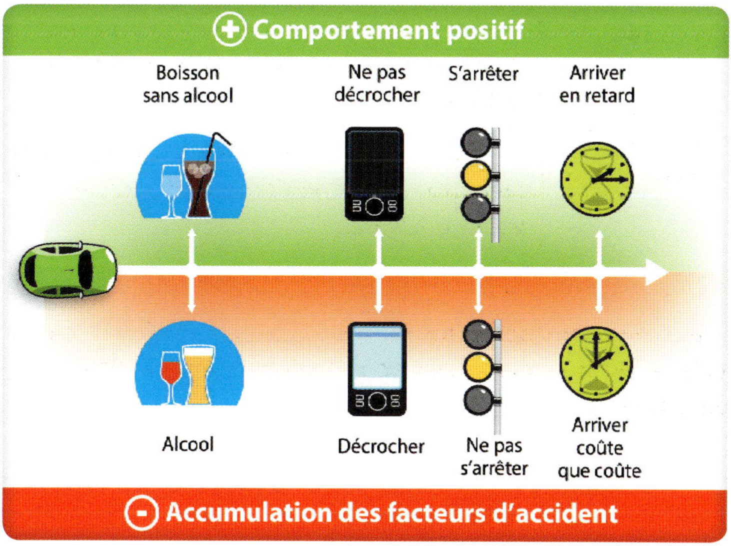

C

Le conducteur

IL N'Y A PAS DE HASARD !
OUVREZ L'OEIL, LEVEZ LE PIED.

La route

Nuit

Il se produit plus d'accidents la nuit que le jour alors que moins de véhicules circulent la nuit.
La nuit, les contrastes diminuent et de nombreux détails visibles de jour échappent alors au conducteur. Par manque de repères, l'appréciation des distances et des vitesses est faussée.
Certains usagers peu ou pas éclairés peuvent n'être vus qu'au dernier moment.
Les risques d'endormissement sont plus grands.

Utilisation des feux

Chaussée non éclairée

Seul sur la chaussée.

La nuit, à l'intérieur comme en dehors des agglomérations, on doit circuler en feux de route.

Pour croiser ou suivre

Il faut passer en feux de croisement en croisant ou en suivant un autre véhicule.

Routes étroites et sinueuses

La nuit par temps clair, sur routes étroites et sinueuses en dehors des agglomération, les feux avant de brouillard peuvent compléter les feux de route.

Chaussée éclairée

En ville:
feux de position seuls ou feux de croisement.
Hors agglomération:
feux de croisement.

D'une manière générale, lorsqu'une route bénéficie d'un éclairage public, il est préférable de rouler en feux de croisement.
De même en ville dans un tunnel éclairé, il est préférable d'allumer les feux de croisement.

▲ *Ouvrir l'œil et le bon pour détecter les piétons et les cyclistes qui, en général, sont persuadés d'être bien vus grâce à l'éclairage public.*

Feux de position	*Feux de croisement*	*Feux de route*	*Feux de brouillard avant*	*Feu (x) de brouillard arrière*
Être vu	**Voir et être vu**	**Voir loin**	**Voir et être vu**	**Être vu**

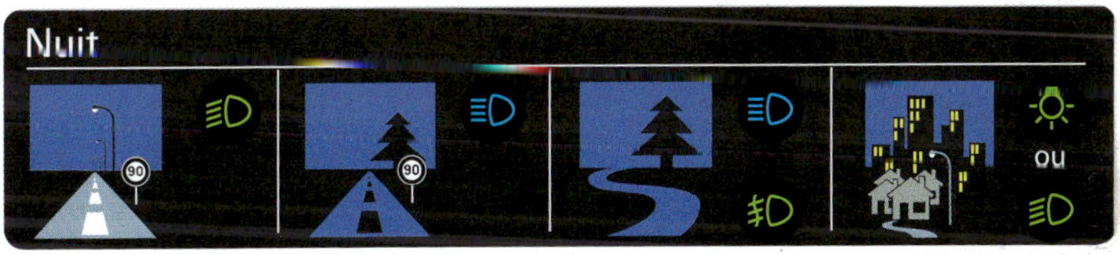

▲ *Route éclairée* ▲ *Route non éclairée* ▲ *Route étroite et sinueuse* ▲ *Ville éclairée*

▼ *Dans les tunnels, les règles d'utilisation des feux sont identiques.*

Nuit

Crépuscule
Allumez les feux de croisement.

À la nuit tombante ou au lever du jour, les couleurs et les formes se mélangent. Il est alors difficile d'être bien vu.

Croisements
Allumez les feux de croisement.

Ralentir lorsqu'on passe des feux de route aux feux de croisement car la visibilité est alors réduite à une trentaine de mètres.

Dépassements
Si besoin, avertir par un appel lumineux et ne passer en feux de route qu'à hauteur du véhicule dépassé.

Pour bénéficier de la meilleure visibilité, une complicité doit s'effectuer entre le véhicule dépassé et celui qui dépasse.

Éblouissements
Pour éviter d'être ébloui de face :
- ne pas fixer les phares ;
- regarder vers le bord droit assez loin devant.

dans le rétro :
- mettre la position nuit.

Dans ces deux cas, il faut signaler sa présence par un bref appel lumineux ou faire clignoter les feux stop par exemple.
L'éblouissement perturbe l'évaluation des distances. Après un éblouissement, le temps de réadaptation de l'œil est de plusieurs secondes.

▲ Ne pas hésiter à être le premier à allumer ses feux.

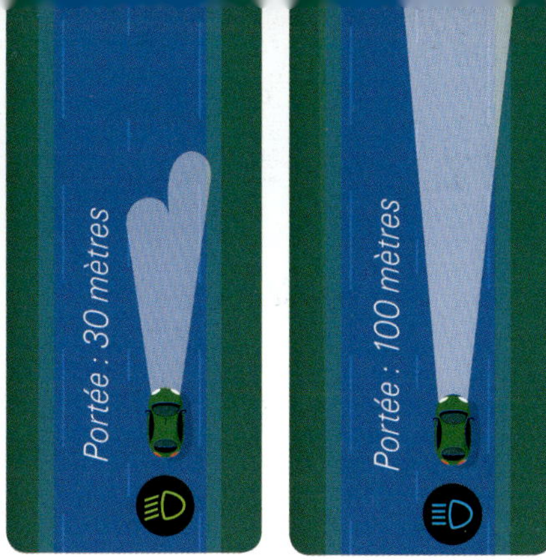

▲ À 90km/h, il faut environ 80 mètres pour s'arrêter. La distance d'arrêt ne doit jamais être plus longue que l'espace visible devant la voiture.

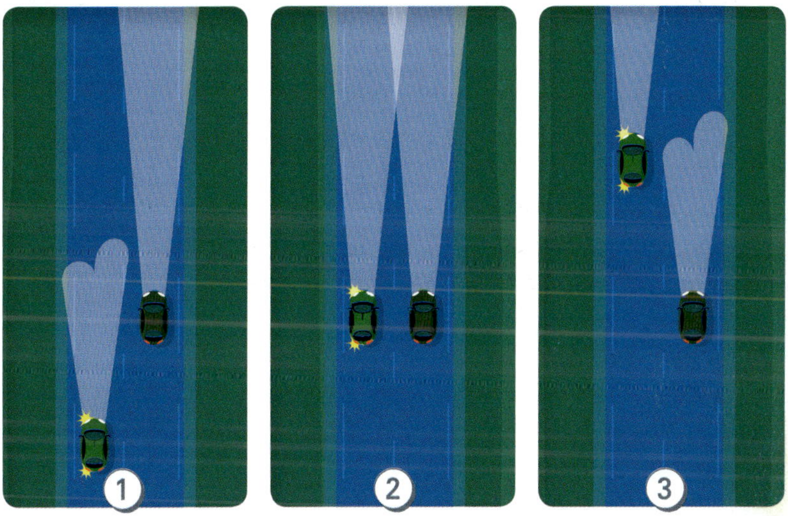

▲ Passer en feux de croisement avant d'éblouir ou d'être ébloui.

▲ Par réflexe, l'œil du conducteur est attiré par le point le plus lumineux.

▲ Certains rétroviseurs s'assombrissent automatiquement dès que les capteurs détectent une lumière intense.

Pluie

Utilisation des feux
Quand il pleut, les feux de croisement sont préconisés.

S'il pleut des cordes, on peut allumer les feux de brouillard avant en remplacement ou en complément des feux de croisement.
Et on peut les garder allumés pour croiser d'autres usagers. En revanche, les feux de brouillard arrière sont interdits par temps de pluie.

Adhérence
Elle est deux fois moins bonne sur une route mouillée que sur une route sèche.

La chaussée est particulièrement glissante en début de pluie. L'adhérence dépend de :

- l'état de la route,
- l'état des pneus,
- l'état des suspensions.

La distance de freinage est deux fois plus longue que sur sol sec.

Aquaplanage (aquaplaning, hydroplanage)
Rouler vite sous la pluie, c'est risquer de glisser sur l'eau et de quitter la route.

Les pneus usés ne parviennent pas à évacuer l'eau sur la route, donc le pneu n'est plus en contact avec le goudron ; la voiture glisse dangereusement et le conducteur perd le contrôle de sa voiture.

Visibilité
Pour éviter la formation de buée ou de givre, faites fonctionner les systèmes de ventilation, de désembuage et allumer le dégivrage arrière.

La climatisation est très efficace contre la buée car elle produit un air sec.

▲ *Feux de brouillard arrière interdits !*

▲ *Pour garder une bonne visibilité, utilisez les essuie-glaces à vitesse rapide. S'ils laissent des traces sur le pare-brise, changez les balais !*

▲ *Sous la pluie, rouler moins vite et avoir de bons pneus.*
Attention : en cas de forte pluie, les feux rouges arrière sont presque invisibles !

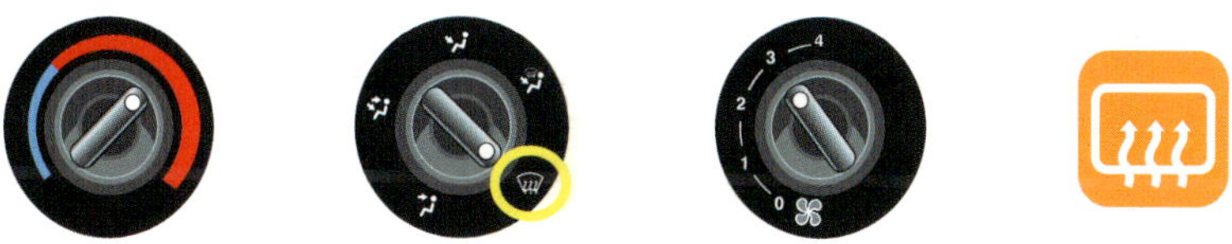

Chauffage *Désembuage* *Ventilation* *Dégivrage*

Brouillard

Visibilité et feux
Au minimum, on allume les feux de croisement.

Si le véhicule est équipé de feux de brouillard avant et arrière, c'est le moment de les utiliser !

Vitesse
50 km/h maximum si la visibilité est inférieure à 50 mètres.

Il faut :
- augmenter les intervalles de sécurité et adapter sa vitesse à la visibilité ;
- toujours être capable de s'arrêter dans l'espace de visibilité devant soi.

Garder en tête la règle (théorique) des 3 égalités (à partir de 50 m de visibilité) :

	Visibilité	*Vitesse*	*Intervalle de sécurité*
Sur route ou sur autoroute	*70 mètres*	*70 km/h*	*70 mètres*
	90 mètres	*90 km/h*	*90 mètres*

Conseils
- Ne pas suivre aveuglément les autres usagers.
- Ne pas entreprendre des dépassements sur les routes à double sens.

Ne pas utiliser les feux de route. Ils forment un mur opaque devant le véhicule.

Ne pas circuler en feux de position seuls.

Éteindre le feu de brouillard arrière dès que la visibilité redevient correcte.

Brouillard

▲ *Allumez vos feux pour être vu des autres*

▲ *Allumez vos feux et adaptez votre allure.*

Conduire dans des conditions difficiles

Neige

Quand la neige tombe, au minimum, on allume les feux de croisement.

Les feux de brouillard avant peuvent les remplacer ou les compléter.

Les feux de brouillard arrière peuvent être utilisés en cas de chute de neige.

■ **L'adhérence** est quatre fois moins bonne sur une route enneigée que sur une route sèche.

Quand on rencontre ce panneau, il faut monter des chaînes sur au moins deux roues motrices (généralement à l'avant de la voiture).

Selon l'enneigement, un panneau avertit si la route est praticable ou non.
Si le col est fermé, le panneau indique jusqu'où il est possible d'aller.

Verglas

Le verglas se forme surtout dans les sous-bois, sur les ponts, aux endroits exposés au nord...

Lorsque le verglas n'existe qu'en plaques, il est traître et inattendu parce qu'il ne couvre pas la totalité de la route.
Le risque de dérapage est alors réel.

■ **Adhérence**
Adhérence quasiment nulle : dans la mesure du possible, ne pas conduire.

Pour augmenter l'adhérence sur une neige dure ou du verglas, on peut équiper le véhicule de pneus "thermogomme".

Par grand froid, en stationnement, ne pas serrer le frein à main mais enclencher plutôt une vitesse...

▲ *Il est interdit de dépasser un engin de service hivernal en mission (gyrophares bleus), que ce soit par la droite ou par la gauche.*

▲ *Dans ces conditions difficiles, il est préférable de reporter son trajet.*

Vent

Le risque principal est l'écart de direction.

Lorsqu'on passe d'une zone exposée au vent à une zone abritée, la poussée latérale est supprimée avec des risques d'écarts de trajectoire.
Ce phénomène est ressenti lors de dépassements de poids lourds.

Ce panneau signale une zone particulièrement exposée au vent.
Il n'indique ni la force, ni l'orientation du vent.

Des manches à air implantées dans des endroits exposés indiquent la direction et la force du vent.
C'est le vent latéral qui oblige le conducteur à fournir un effort sur le volant.

Pour limiter les effets, il faut réduire la vitesse.

Avant de dépasser un deux-roues, laisser un espace latéral plus grand pour tenir compte des écarts qu'il subit sous l'effet des bourrasques.
Lors d'un avis de tempête, dans la mesure du possible, ne pas prendre la route.

Soleil

La visibilité se trouve diminuée.
Ralentir jusqu'à une vitesse permettant de s'arrêter dans l'espace de visibilité.

Un éblouissement difficilement supportable peut se produire lorsque le soleil se trouve dans le champ de vision du conducteur.
Une succession rapide de zones d'ombre et de zones ensoleillées (routes bordées d'arbres par exemple) provoque une série de flashs éprouvants pour l'œil qui n'a pas le temps de s'adapter assez vite aux multiples changements de luminosité.

▲ *Les deux-roues et les caravanes sont particulièrement sensibles au vent latéral. Seule, la manche à air indique la force et la direction du vent.*

Vent nul

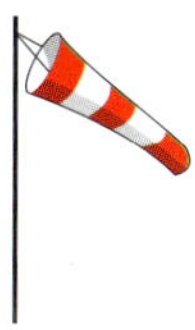

Vent faible venant de gauche

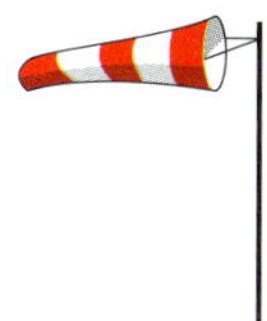

Vent fort venant de droite

◀ *Pour lutter contre l'éblouissement, utilisez le pare-soleil et des lunettes de soleil. Veillez à une propreté parfaite du pare-brise.*

▶ *L'éblouissement allonge la durée du temps de réaction et fausse l'évaluation des distances.*

La signalisation

Vers l'autoroute
Pour se diriger vers l'autoroute, il faut repérer les panneaux à fond bleu qui comportent le symbole de l'autoroute.

Entrée d'autoroute
Ce panneau marque le début de l'autoroute et des règles particulières qui lui sont propres.

Péage
Le montant à payer dépend de la catégorie du véhicule et de la longueur du trajet effectué.
Attention, en cas de perte du ticket, il faudra payer le prix correspondant au parcours le plus long.

Tous les paiements sont acceptés.

Quand un panneau à fond vert comporte lui aussi cet idéogramme, cela veut dire qu'une partie de l'itinéraire indiqué emprunte une autoroute.

Chaque autoroute est identifiée par la lettre **A** suivie d'un numéro qui permet de la repérer sur les cartes.

En entrant, le plus souvent le conducteur doit prendre un ticket à un distributeur automatique et payer à la sortie.

Le conducteur pourra payer directement soit à un employé  en liquide, par chèques vacances ou par carte bancaire , soit en introduisant de la monnaie dans une corbeille de réception , soit en se positionnant dans un couloir permettant le télépéage si le conducteur est abonné .

Le conducteur en possession d'un badge autoroutier peut passer sans s'arrêter (maxi 30 km/h).

1. Bretelle d'accès
2. Voie d'accélération
3. Glissière de sécurité
4. Barrière de péage
5. Sortie
6. Bande d'arrêt d'urgence (B.A.U.) (à utiliser en cas de force majeure : panne ou accident)
7. Accotement
8. Voie de décélération
9. Chaussées séparées par un terre-plein central

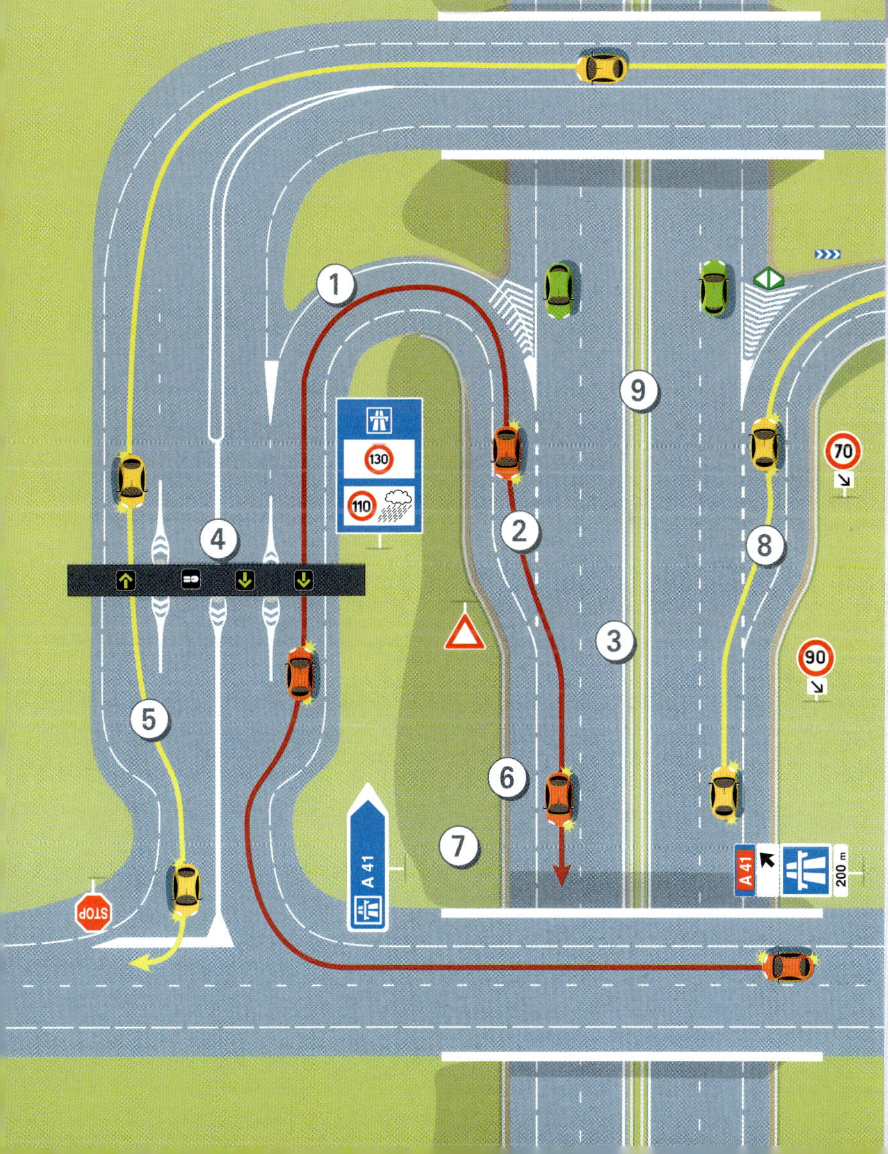

Les règles de circulation

Accès interdits
L'autoroute est interdite aux usagers qui ne peuvent se déplacer que lentement.

Manœuvres interdites
L'autoroute permet de circuler rapidement sans franchir d'intersection.

1. Interdiction de faire demi-tour.
2. Interdiction de faire une marche arrière pour rattraper une sortie que l'on a manquée.
3. Ne pas utiliser la BAU en cas d'embouteillages.
4. Ne pas utiliser les passages aménagés pour les véhicules de service et de secours.

Bretelle d'accès
Elle permet d'apprécier le flot de circulation sur l'autoroute, de juger la longueur de la voie d'insertion (appelée aussi voie d'accélération) qui va suivre.

La voie d'accélération se termine par un "cédez le passage".
On peut ralentir pour laisser passer les autres usagers ou accélérer afin de s'insérer plus facilement entre les véhicules.
La règle est de ne jamais s'arrêter sur une voie d'insertion et de ne pas gêner les véhicules qui circulent déjà sur l'autoroute.

Position sur la chaussée
On roule dans la voie de droite qui ne doit pas être confondue avec la Bande d'Arrêt d'Urgence qui longe la glissière de sécurité (rail).

Les véhicules de plus de 3,5 tonnes ou de plus de 7 mètres de long (ce qui peut être le cas si on tracte une caravane ou une remorque) ne doivent jamais circuler dans la voie la plus à gauche (quand il y a plus de 2 voies à sens unique).

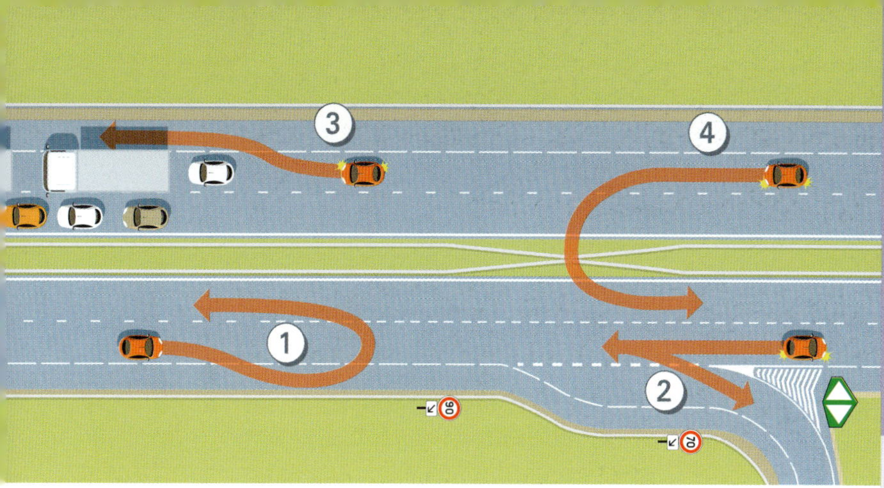

▲ *Manœuvres interdites.*

▲ *Ne pas forcer le passage ! Les usagers qui circulent sur la chaussée principale ne sont pas tenus de faire un écart sur la voie de gauche.*

Voie d'entrecroisement.

Conduire sur autoroute

Vitesse

- 130 km/h par temps sec.
- 110 km/h par temps de pluie.

À l'approche des zones urbaines, l'importance du trafic et la quantité d'entrées et de sorties contraignent à abaisser la vitesse limite à 110 km/h.

Distance de sécurité

90 mètres.

Deux lignes de la bande d'arrêt d'urgence doivent séparer deux véhicules qui se suivent à 130 km/h.

En ne s'approchant jamais trop des autres, on conserve un espace de confort qui laisse le temps de modifier l'allure ou la trajectoire en cas d'imprévus.

La bande d'arrêt d'urgence est réservée à la circulation des secours et des forces de l'ordre.

Il est possible de s'y arrêter en cas de panne ou de malaise.

Dépassements

- Il faut rouler au minimum à 80 km/h dans la voie de gauche.
- Ne jamais dépasser par la droite un conducteur qui s'obstine à rouler dans la voie de gauche.
- On peut dépasser plusieurs véhicules à la fois.

Le danger vient essentiellement de l'arrière. Il faut être capable d'évaluer la vitesse d'approche d'un autre conducteur qui a décidé de dépasser et juger du moment opportun pour entreprendre la manœuvre.

Une ligne discontinue est peinte à l'approche des sorties. Elle n'interdit pas les dépassements, mais elle doit dissuader les usagers de se rabattre à cet endroit pour prendre la sortie annoncée.

Si l'intention du conducteur est de quitter l'autoroute, il n'a pas à se lancer dans un dépassement si près de la sortie.

	Conditions normales de circulation	Pluie	Visibilité inférieure à 50 m	A Jeunes conducteurs
Autoroute	130	110	50	110

▲ *Ralentir de manière à voir 2 traits de la bande d'arrêt d'urgence (BAU).*

▲ *Voie de gauche = 80 km/h mini. Surveillez les rétros avant de dépasser !*

▲ *La ligne de dissuasion autorise le dépassement mais interdit de se rabattre pour prendre la sortie.*

Comportements

■ **Repos**
S'arrêter au moins 1/4 d'heure toutes les 2 heures.

La fatigue est présente dans environ 18 % des accidents mortels sur autoroute. Une vitesse élevée et un trafic dense nécessitent une attention soutenue, ce qui augmente la fatigue.
L'endormissement peut être dû à la monotonie quand la circulation est quasiment nulle ou à la suite d'un déjeuner.

■ **Arrêt d'urgence**
En cas de panne, d'accident ou de malaise uniquement, il faut allumer les feux de détresse et se garer sur la bande d'arrêt d'urgence.

Il est prudent de faire descendre du véhicule tous les passagers pour qu'ils se réfugient derrière la glissière de sécurité.
Contacter ensuite les services de police de l'autoroute, joignables avec les bornes d'appel d'urgence (gratuites) placées tous les 2 km.

■ **Pneus**
Des pneus sous-gonflés peuvent éclater.

Gonfler les pneus de 200 à 300 grammes au-dessus de l'indication normale est une bonne chose pour rouler à allure soutenue, et éviter les éclatements.

■ **Retour au double sens**

Après plusieurs heures passées à rouler à allure soutenue, il faut se réadapter à une vitesse normale (90 km/h) qui donne l'illusion de rouler lentement.

▲ Sur autoroute, des aires de repos sont accessibles toutes les 10 minutes environ.

Panne ou accident

▲ Préférez la borne d'appel d'urgence au portable.

▲ En l'absence de borne d'appel d'urgence, appeler le 112 à partir d'un téléphone portable.

▶ Changer une roue côté circulation : danger de mort.

Sous gonflage = éclatement.

La route

La traversée de zones dangereuses

Les chantiers routiers

Les zones de travaux, le balisage d'un accident, d'un véhicule en panne sont souvent inattendus et gênent parfois l'écoulement normal de la circulation. Une extrême prudence s'impose lors de la traversée de ces zones.

Des panneaux sur fond jaune et des dispositifs de signalisation spéciaux sont installés pour guider sans risque la circulation.

Préparez-vous à changer de voie si un panneau vous l'indique ou à changer de chaussée.

■ Regardez bien devant vous.

Soyez attentif à tout ralentissement de la circulation. Soyez vigilant le soir et la nuit. Les travaux routiers ne s'effectuent pas seulement de jour.

■ Regardez autour de vous

Le fait de ne pas voir de personnels de la route ne veut pas dire qu'il n'y en a pas dans cette zone. Soyez vigilant pour détecter leur présence.

■ Réduire sa vitesse en conséquence

Vous devez respecter les nouvelles limitations de vitesse souvent signalées dans la zone de travaux. Sur autoroute, la vitesse est généralement réduite à 90 km/h si la circulation s'effectue à double sens.

■ Maintenir les distances

Conservez suffisamment d'espace entre les véhicules. Ne pas chercher à se rapprocher du véhicule qui précède.

Laissez suffisamment d'espace entre votre véhicule et les travailleurs et leur équipement.

■ Prévoyez des retards dans vos déplacements

Des travaux sur la route durent souvent plusieurs jours. Prenez des dispositions ultérieurement en partant plus tôt pour arriver à temps à destination. Le personnel de la route n'est pas là pour vous créer des désagréments, il travaille à l'amélioration des routes pour tous.

▲ *Des hommes de chantier veillent à l'entretien et à l'amélioration de nos routes. Bien que des panneaux signalent la présence de travaux, il se produit encore des accidents simplement parce que certains conducteurs ne font pas attention.*

▲ *La flèche lumineuse clignotante oriente vers la voie ou les voies laissées libres à la circulation. N'attendez pas le dernier moment pour changer de voie !*

▲ *N'oubliez pas que votre vitesse peut désormais être contrôlée par un ou plusieurs radars pendant toute la traversée de la zone de travaux.*

▲ *Respectez les distances de sécurité. Il n'y aura aucune échappatoire possible si vous allez trop vite et si vous suivez de trop près le véhicule qui vous précède.*

Les tunnels

Entrée de tunnel

- Interdit de faire demi-tour.
- Interdit de s'arrêter et stationner.
- Obligation d'allumer les feux de croisement.

Des feux rouges et des barrières peuvent fermer l'accès au tunnel.
Avant d'entrer, retirer les lunettes de soleil, attention à l'effet "trou noir".

Distances de sécurité
Quelle que soit l'allure et même à l'arrêt, la distance minimale de sécurité doit être respectée.

Des chevrons ou des diodes bleues aident au maintien des distances.

Limitations de vitesse
Respecter les vitesses.

La vitesse peut être imposée ou limitée.

Aménagements de sécurité
Les tunnels, sont équipés d'emplacements d'arrêt d'urgence (garages), de niches de sécurité et d'issues de secours.

Les emplacements d'arrêts d'urgence sont prévus pour éviter les arrêts sur la chaussée.
Des niches de sécurité sont aménagées pour le matériel de secours (extincteurs) et des postes d'appels d'urgence. Impossible de s'y réfugier!
Des issues de secours permettent de sortir du tunnel par un passage sécurisé.
On y est à l'abri des fumées et de la chaleur.

▲ *Quand l'avant de mon véhicule passe devant ces diodes, le véhicule qui me précède doit être face à des diodes identiques...*

▲ *L'éblouissement entraîne un allongement de la distance parcourue pendant le temps de réaction. L'évaluation des distances est faussée. Ralentissez !*

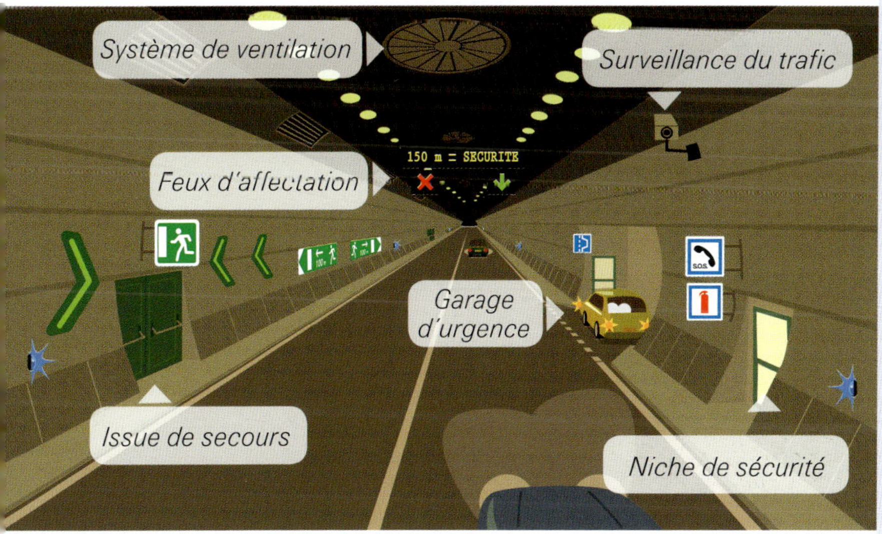

▲ *Chaque niche de sécurité est équipée d'extincteurs et d'un poste d'appel d'urgence.*

Les tunnels

En cas de panne
Tout incident, même peu important, peut prendre des proportions considérables dans un tunnel.

Pour s'arrêter, il faut :

- allumer les feux de détresse,
- se garer sur un refuge ou sur la bande d'arrêt d'urgence,
- respecter la distance d'arrêt imposée,
- couper le moteur,
- contacter les secours à partir d'une borne d'appel d'urgence,
- allumer une radio diffusée dans le tunnel,
- localiser l'issue de secours la plus proche.

En cas d'incendie
Une fois en sécurité dans les abris, il faut attendre les instructions des services de secours.

Seules, les issues de secours protègent des fumées toxiques.

Il faut :

- essayer de sortir son véhicule du tunnel sans jamais faire demi-tour !
- essayer d'éteindre l'incendie avec les extincteurs à disposition,
- laisser les clefs sur le contact,
- évacuer le tunnel par l'issue de secours la plus proche.

Il ne faut pas :

- suivre ou dépasser un véhicule en feu ou produisant de la fumée,
- réduire les distances de sécurité à l'arrêt (risque de propagation de l'incendie),
- faire marche arrière ou demi-tour,
- rester dans ou à côté de son véhicule,
- récupérer des affaires encombrantes avant d'évacuer.

▲ *En cas de crevaison ou lors d'une alerte moteur, on doit pouvoir atteindre le prochain emplacement d'arrêt d'urgence.*

En cas d'alerte de carburant, ne pas s'arrêter : la réserve permet de sortir du tunnel et d'atteindre la prochaine station-service.

En cas d'incendie, il faut chercher l'issue de secours la plus proche en s'éloignant du danger pour se protéger de la chaleur et des fumées toxiques.

Comportement en cas d'incendie.

◀ *Tunnel d'évacuation accessible à partir d'une issue de secours.*

Les passages à niveau

Avec demi-barrières automatiques
Feux rouges clignotants : arrêt obligatoire.

Environ 20 secondes avant l'arrivée du train :
- les feux rouges clignotent et la sonnerie retentit,
- les barrières s'abaissent juste après le début du clignotement des feux.

Avec barrières
Le fonctionnement est manuel.

C'est un cas rare. Un employé de la SNCF abaisse et relève les barrières.

Sans barrière
Priorité au train.

Ne pas s'engager sans vérifier si un train arrive.

Principes de sécurité
La plupart des accidents sont dus aux mauvais comportements des conducteurs.

1. Ralentissez à l'approche du passage à niveau.
2. Respectez la règle de passage.
3. Ne vous faufilez pas entre les barrières.
4. Ne vous engagez pas si l'espace est insuffisant.
5. Si vous êtes coincé, brisez la barrière.
6. Si vous êtes bloqué sur les voies, quittez le véhicule.
7. En cas d'incident, utilisez le téléphone situé à proximité.

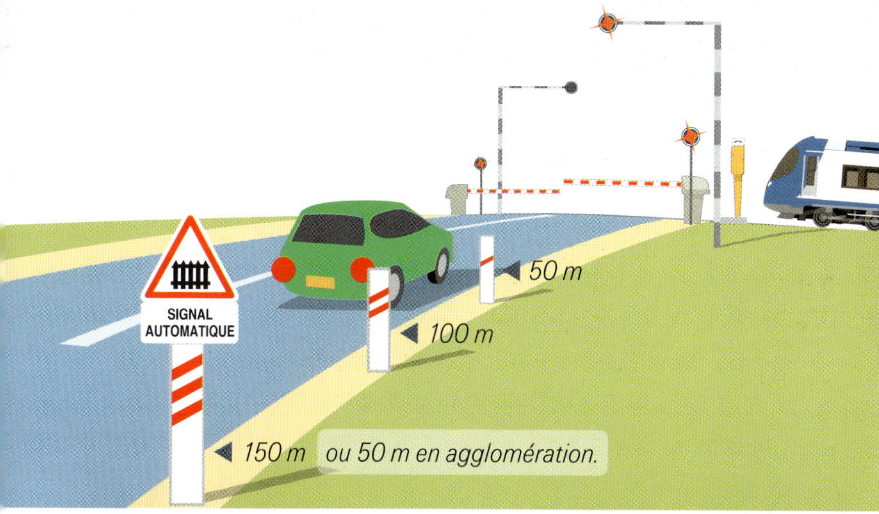

▲ Lorsque le passage à niveau est dangereux, un signal lumineux s'allume en même temps que le feu rouge clignotant.

▲ Arrêt obligatoire au stop.

▲ Arrêt obligatoire au feu rouge clignotant.

◀ Passage à niveau comportant plusieurs voies.

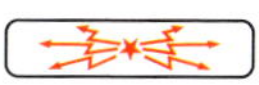

◀ Ce panonceau indique une ligne électrifiée à moins de 6 m de hauteur.

La traversée de zones dangereuses

Les tramways

Les aménagements

La plateforme du tramway est la surface plane où sont implantés les rails grâce auxquels le tramway circule.

En site propre

L'espace de circulation est exclusivement réservé au tramway.
Ce panneau rappelle aux automobilistes qu'il est interdit de s'engager sur la voie du tramway.

Zone mixte

Le tramway est prioritaire sur les véhicules et les piétons.

Les véhicules et le tramway circulent sur le même espace.
Les automobilistes et les cyclistes doivent rester très vigilants et ne pas gêner la circulation du tramway qui reste prioritaire dans tous les cas.

Ce panneau annonce la traversée d'un tramway à 50 mètres.

Ce panneau indique la traversée immédiate du tramway.

Feu rouge clignotant Arrêt absolu!

Généralement, un feu rouge clignotant signale l'arrivée imminente d'un tramway. L'arrêt est impératif.

Le tramway ne dévie pas.

Il peut freiner mais pas dévier de sa trajectoire déterminée par le rail. C'est toujours à vous de l'éviter et de lui laisser sa place.

Un tramway peut en cacher un autre en sens inverse.

En traversant la plateforme, vérifiez toujours qu'un deuxième tramway n'arrive pas dans l'autre sens.

▲ *Arrêt absolu pour laisser passer le tramway...*

Ne jamais s'engager sur les voies de tramway sans être sûr de pouvoir dégager cet espace (bouchon par exemple).

▲ *À l'approche d'un tramway ou d'un autobus, restez vigilant : des piétons pressés peuvent courir et traverser précipitamment sans précaution pour y monter.*

▲ *Repartir lorsque les feux sont éteints. Un tramway peut en cacher un autre en sens inverse.*

DES ZONES DE RENCONTRE
POUR UNE MEILLEURE COHABITATION.

Les autres usagers

Une nouvelle organisation de l'espace public

Le code de la rue prévoit un meilleur partage de l'espace public.

La rue est utilisée par de nombreux usagers.
La cohabitation est possible à condition de respecter les plus fragiles. Le principe est de faciliter la circulation des plus faibles.

■ L'aire piétonne
Zone dédiée aux piétons.

Ils sont prioritaires sur tous les autres usagers, excepté les tramways.

■ La zone de rencontre
Les piétons sont prioritaires.
Vitesse limitée à 20 km/h.

Tous les usagers peuvent y circuler.
Les piétons peuvent utiliser toute la chaussée et traverser partout.

■ Zone 30
Rues fréquentées par les usagers fragiles.
Vitesse limitée à 30 km/h.

Toutes les rues peuvent être empruntées dans les 2 sens par les cyclistes.
La conduite doit être apaisée. En règle générale, la règle de la priorité à droite s'applique.

■ Double sens cyclable

En présence de cette signalisation les cyclistes peuvent remonter un sens interdit.

■ Franchissement du feu tricolore

Dans certaines villes et dans certains carrefours, en présence de cette signalisation, les cyclistes sont autorisés à tourner à droite ou à poursuivre tout droit.

Interdiction de circuler ou de s'arrêter sur les voies réservées.

1 *Des voies de circulation sont réservées aux bus des lignes régulières.*

Un panonceau complète le panneau si l'accès est autorisé aux taxis ou aux cyclistes ou à tous à certaines heures.

2 *Sas vélo : permet aux cyclistes d'être vu et de démarrer avant les voitures.*

3 *Les trottoirs sont réservés à la circulation des piétons.*

Jusqu'à 8 ans, les enfants peuvent circuler à vélo sur les trottoirs.

4 *Les cyclistes disposent de voies et de pistes qui leur sont réservées.*

Quand elles sont autorisées aux cyclomoteurs, un panonceau le précise.

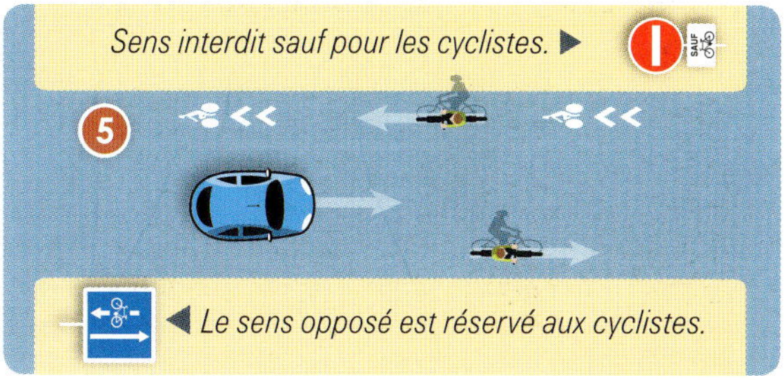

Sens interdit sauf pour les cyclistes. ▶

◀ *Le sens opposé est réservé aux cyclistes.*

5

◀ *Double sens cyclable*

Les piétons

Si un piéton a commencé à traverser ou s'il manifeste son intention de s'engager, vous devez lui céder le passage, même en dehors d'un passage piétons.

Ils sont vulnérables et souvent imprévisibles.
La petite taille des enfants leur procure une vision totalement différente de celle des adultes. Ils apprécient moins bien les vitesses et les distances.
Les personnes âgées entendent et voient moins bien. Elles se déplacent plus lentement et ont parfois des réactions surprenantes.

Les cyclistes

Soyez attentif le long des bandes, pistes cyclables ou lorsque vous tournez à droite.

Ils se faufilent entre les véhicules et ne respectent pas toujours les règles. Attention, en ville ils peuvent pour leur sécurité, s'écarter des véhicules en stationnement.
Le dépassement ne sera pas toujours possible. En ville dans les rues étroites à sens uniques, il faudra rester derrière eux.

Attention! Pour croiser ou dépasser un piéton ou un deux-roues, laisser un écart minimal d'1 mètre en ville et 1,50 mètre hors agglomération.

Les deux-roues motorisés

L'automobiliste doit être vigilant et tenir compte des angles morts de son véhicule.

Leur capacité d'accélération et leur faible encombrement leur permettent de passer à des endroits et à des moments où l'on ne passerait pas en voiture. Ils ne sont pas toujours visibles et peuvent surprendre.
La circulation interfiles des motards est autorisée lorsque la circulation s'est, en raison de sa densité, établie en files ininterrompues sur toutes les voies, jusqu'à une vitesse maximale de 50 km/h.
Le motard est en interfiles lorsqu'il circule entre les deux files de véhicules situées sur les deux voies de circulation les plus à gauche d'une chaussée.

▲ *Évaluer les incertitudes : dans une seconde, où seront le piéton, le cycliste, la voiture... et dans 2 secondes ? Dans 3 secondes ? 4 secondes ? Prévoir si votre trajectoire rencontre ces zones.*

Pour lui avoir libéré le passage, le motard vous adressera un signe amical de la main ou du pied.

▲ *Lorsque vous apercevez un motard qui veut vous dépasser, vous rendrez sa manœuvre plus sûre en lui facilitant le passage*

La circulation interfiles des motards est autorisée à titre expérimental que sur les autoroutes et les routes, dont la vitesse maximale autorisée est supérieure ou égale à 70 km/h, à deux chaussées séparées par un terre-plein central et dotées d'au moins deux voies chacune, des départements des Bouches-du-Rhône, de la Gironde, du Rhône et de ceux de la région Ile-de-France, notamment le boulevard périphérique parisien.

▲ *Laisser suffisamment d'espace aux motards, ce sont des véhicules en moins dans les bouchons.*

Les véhicules d'urgence

■ Véhicules prioritaires
Les autres usagers doivent leur faciliter les croisements, les dépassements mais aussi leur céder le passage aux intersections.

Police, gendarmerie, pompiers, SAMU, SMUR, douanes etc. font partie des véhicules d'urgence prioritaires.
Ils sont autorisés à ne pas respecter la signalisation et les règles de circulation quand ils sont en mission (gyrophares bleus tournants et sirène à **2 tons**).
Mais ce n'est pas un droit absolu! En effet, en aucun cas ils ne doivent mettre en danger les autres usagers.

■ Véhicules non prioritaires
Lorsqu'ils sont en mission, il convient de leur faciliter le passage!

Ambulances, électricité ou gaz secours, transport de produits sanguins, chasse-neige et autres engins de service hivernal, banque de France, associations médicales... utilisent eux aussi des avertisseurs spéciaux (gyrophares à éclats bleus, avertisseur à **3 tons**).
Ils ne sont pas prioritaires aux intersections.

Les véhicules lents

Les croiser et les dépasser avec prudence!

Les véhicules destinés aux ordures ménagères ou les véhicules d'entretien des voiries se déplacent lentement, s'arrêtent souvent et des ouvriers travaillent autour.
Les véhicules lents sont signalés par des feux clignotants de couleur jaune orangée.

◀ *Véhicules prioritaires*
Leur faciliter les manœuvres de croisement et de dépassement.

◀ *Véhicules prioritaires*
Leur céder le passage aux intersections (même celles équipées de feux).

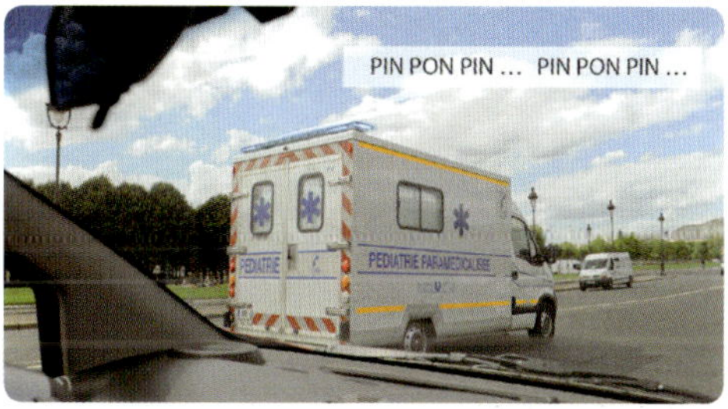

◀ *Véhicules non prioritaires*
Ils ne sont pas prioritaires aux intersections.

◀ *Véhicules non prioritaires*
Lorsqu'ils utilisent leurs avertisseurs spéciaux, il convient de leur faciliter le passage.

▶
Les véhicules de service peuvent surprendre le conducteur par leur allure très réduite.

Les bus

En ville, les bus sont prioritaires lorsqu'ils quittent leur arrêt.

En ville, lorsqu'un bus a allumé son clignotant parce qu'il s'apprête à quitter son arrêt, il faut ralentir ou s'arrêter pour le laisser partir.

Lorsqu'ils sont à l'arrêt, veiller à les dépasser au ralenti : trop souvent, des passagers traversent la rue par l'avant du bus.

Les véhicules encombrants

Pour mieux voir vers l'avant, éviter de suivre ces véhicules de trop près.

Il faut plus de temps pour les dépasser.

Parce qu'ils sont lourds et encombrants, il leur faut beaucoup d'espace.

Ils gênent la visibilité à cause de leurs dimensions.

Ils peuvent cacher un virage, une intersection, un panneau...

Les remorques ou semi-remorques ont des catadioptres triangulaires. Un ensemble de véhicules peut faire jusqu'à 25 mètres de long !

Leurs vitesses maximales sont indiquées à l'arrière du véhicule.

Les véhicules transportant des matières dangereuses sont identifiables par cette plaque.

La différence de vitesse peut surprendre ! Sur autoroute, les poids lourds roulent au maximum à 90 km/h.

▲ *On doit leur faciliter le passage aux intersections et dans les rues étroites.*

▲ *Tenir compte du gabarit des véhicules lourds.*
Pour tourner à droite, ils doivent parfois se placer sur la voie de gauche.
Soyez prêt à vous arrêter et à lui faciliter le passage.

▲ *Les possibilités d'accélération sont limitées du fait de leur chargement.*
Favoriser si possible le passage au poids lourd qui s'élance sur la voie d'accélération.

PARCOURS DU PERMIS... 6 POINTS POUR DÉBUTER !

Les notions diverses

D

Les documents administratifs

Documents obligatoires

Permis

À présenter à tout contrôle.
Conduire sans permis et provoquer un accident, c'est devoir rembourser à l'assureur les sommes versées aux victimes.

Il faut le permis B pour conduire un véhicule de tourisme ou un véhicule de transport de marchandises dont le PTAC (Poids Total Autorisé en Charge) ne dépasse pas 3 500 kg.

Certification d'immatriculation (carte grise)

C'est l'autorisation de circuler du véhicule et elle permet son identification avec le N° d'immatriculation.

Obligatoire à bord du véhicule.

Le nouveau système d'immatriculation permet de conserver le même numéro de la mise en circulation jusqu'à la destruction, même en cas de changement de propriétaire ou de déménagement.
En cas de changement de domicile, il est obligatoire de demander la modification du certificat d'immatriculation dans le délai d'un mois.

Vignette de contrôle technique

Les véhicules de plus de 4 ans qui ont subi une visite technique satisfaisante doivent porter une vignette sur le pare-brise.

Certificat d'assurance

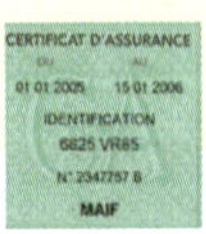

Le conducteur doit pouvoir présenter l'attestation d'assurance, et le certificat d'assurance doit être apposé sur le pare-brise.

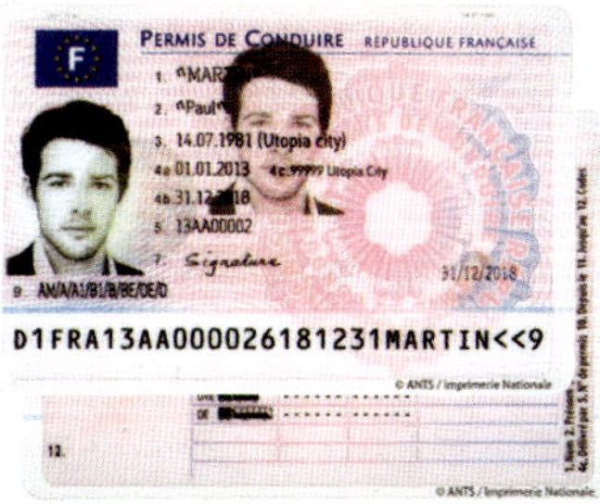

Conduire un véhicule sans être titulaire du permis de conduire est puni d'1 an d'emprisonnement et de 15 000 € d'amende.
La loi est encore plus sévère pour ceux qui roulent avec un permis suspendu, annulé ou invalidé.

1. *(F2) PTAC Poids maximum à ne pas dépasser.*
2. *(G1) PV Poids à vide.*
3. *(F3) PTRA Poids total maximum du véhicule avec une remorque.*
4. *(S1) Nombre maximum de personnes, conducteur compris, pouvant être transportées.*
5. *(P3) Carburant.*
6. *(X1) Date prochaine visite technique.*
7. *(V7) Taux de rejet de CO_2/km parcouru.*

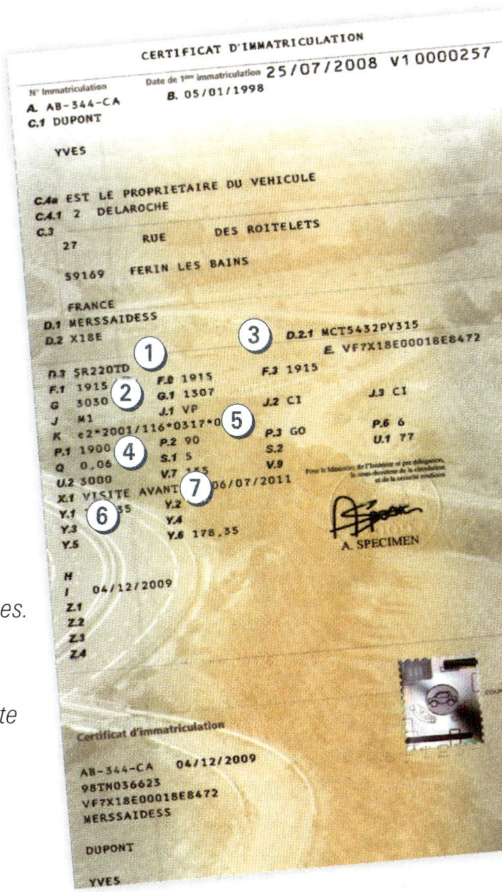

L'oubli du permis de conduire ou du certificat d'immatriculation est sanctionnable par une contravention (amende forfaitaire de 11 € par document manquant). Il faut présenter les documents dans les 5 jours au commissariat ou à la gendarmerie de son choix.

Documents facultatifs

Constat amiable

Chaque conducteur impliqué dans l'accident, après avoir signé le constat, doit le renvoyer dans les 5 jours ouvrés (2 jours en cas de vol) à sa compagnie d'assurances.

Il est en général fourni par votre assureur.
Il n'est pas obligatoire mais fortement conseillé de l'utiliser, car lors d'un accident matériel, il permet d'accélérer le règlement (en cas d'accident corporel, il est obligatoire d'appeler les forces de l'ordre).

Avoir un constat prérempli dans sa partie administrative permet de se concentrer sur la sécurité des lieux plutôt que sur la recherche fastidieuse d'informations.

Disque de stationnement

Cet accessoire est obligatoire pour stationner dans les zones où le stationnement est réglementé dans sa durée sans être payant (zone bleue).

Assurance

Attention, conduire sans permis et provoquer un accident, c'est devoir rembourser à l'assureur les sommes versées aux victimes.

Être assuré, c'est éviter d'avoir à payer des sommes considérables en cas d'accident.

Garantie minimum obligatoire

Cette assurance dite "au tiers" couvre les dégâts causés au tiers, c'est-à-dire aux autres usagers impliqués dans un accident. Elle intervient lorsque le conducteur est responsable ou partiellement responsable d'un accident.

Garanties facultatives

Elles assurent le véhicule contre les dommages matériels, et le conducteur contre les dommages corporels.

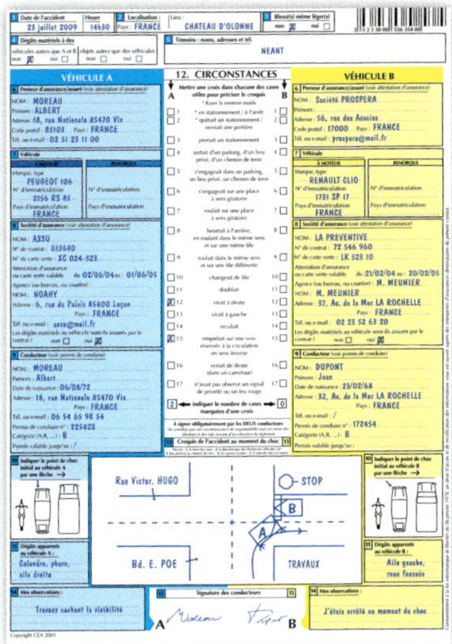

▲ *Ne pas modifier le recto après signatures des deux parties.*

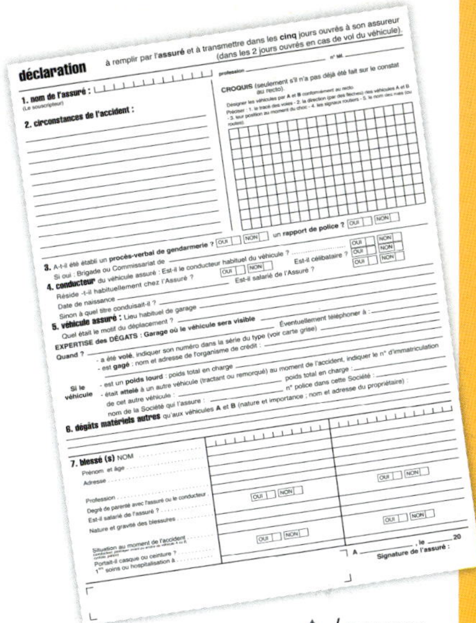

▲ *Le verso se remplit une fois les feuillets séparés. Il permet d'accélérer la gestion du dossier mais ne sert pas à déterminer les responsabilités.*

Si l'autre conducteur refuse de remplir le constat, relevez au moins son immatriculation et si possible son nom et ceux des témoins et prévenez immédiatement votre assureur.

Conduire sans être assuré, c'est courir de graves ennuis financiers en cas d'accident.

Assurances

Obligatoire	Risques couverts
• Responsabilité civile	Tous les dommages (matériels et corporels) causés aux autres tiers.
Du véhicule (facultatives)	**Risques couverts**
• Dommages - Collision	Dommages subis par le véhicule lorsque le conducteur est responsable d'un accident avec un piéton ou un autre véhicule identifié.
• Dommages tous accidents (tous risques)	Dommages subis par le véhicule, quelles que soient les circonstances de l'accident (y compris en cas de vandalisme).
• Vol - Incendie	Disparition, détérioration du véhicule en cas de vol ou d'incendie.
• Bris de glace	Bris de vitres, et éventuellement des optiques.
• Défense - Recours	Défense devant les tribunaux.
Du conducteur (facultative)	**Risques couverts**
• Garantie du conducteur	Dommages corporels subis par le conducteur.

Le chargement

Bagages

C'est dans le **coffre** que les bagages sont les moins gênants.

Le chargement ne doit gêner ni les mouvements ni la visibilité du conducteur. Les bagages ne doivent pas présenter de risques en cas de freinage brusque ou de choc.
Les objets lourds doivent être centrés et placés le plus bas possible pour ne pas modifier la tenue de route.

Objets encombrants

Le chargement peut dépasser en dehors du véhicule ou être transporté sur le toit. Évidemment, il ne doit pas traîner sur le sol.

En longueur
Pas de dépassement devant.
Dépassement de 3 m au maximum à l'arrière.

À partir d'1 m, il faut fixer un dispositif réfléchissant à l'extrémité, complété par un feu rouge la nuit et quand la visibilité est réduite (brouillard).

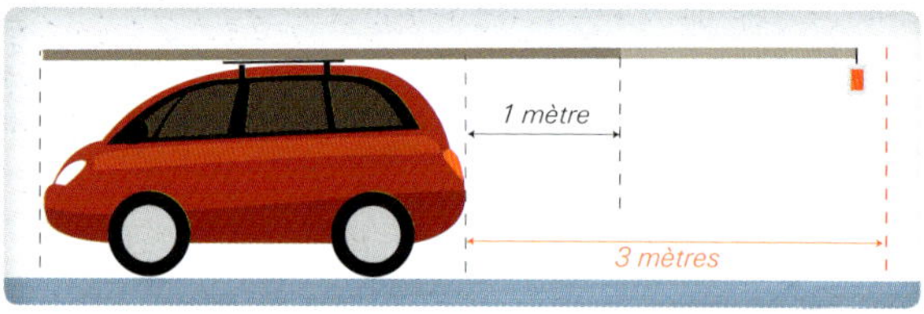

En hauteur
Aucune limitation n'est imposée.
Seul un panneau peut interdire l'accès.

Attention à l'arrimage. Tenir compte de la limite de poids en cas d'utilisation d'un coffre de toit.

En largeur
2,55 m maximum.

Lors de la mise en place d'un vélo sur un porte-vélos, il est possible de rajouter une plaque et des feux sur le vélo.

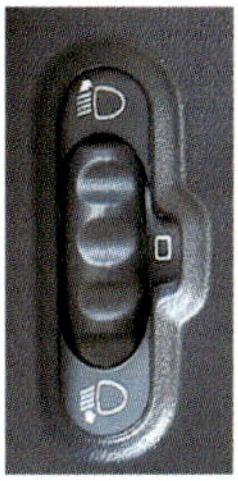

▲ *Avec la charge, il peut être nécessaire :*
- d'augmenter la pression des pneus,
- de régler la hauteur des feux.

▲ *Éviter de poser des objets sur la plage arrière : en cas d'arrêt brusque, ils risqueraient d'être violemment projetés sur les occupants du véhicule.*

◀ *Si l'objet transporté dissimule la plaque d'immatriculation, il faut fixer une deuxième plaque sur l'objet.*

Remorques et caravanes

Permis BE ou pas?
Le permis B (voiture) suffit pour tracter une remorque jusqu'à 750 kg.

Pour les remorques et caravanes de plus de 750 kg, le permis B suffit sous réserve que l'ensemble ne dépasse pas 4250 kg de poids total autorisé en charge (PTAC).
Toutefois lorsque la somme des PTAC (cumul véhicule tracteur + remorque) est comprise entre 3500 kg et 4250 kg, le conducteur doit suivre une formation de 7 heures (Permis B 96).

Plaque et documents
Jusqu'à 500 kg, la plaque d'immatriculation est la même que celle de la voiture.

Si le PTAC de la remorque excède 500 kg, celle-ci doit avoir sa propre carte grise (certificat d'immatriculation), donc sa propre plaque d'immatriculation.

Tirer une caravane ou même une petite remorque change le comportement du véhicule qui tracte. La trajectoitre peut être déviée.

Le freinage

Le poids de la remorque pousse et contrarie le freinage; il faut donc prévoir plus de temps et de distance pour s'arrêter. Il faut aussi conserver des distances de sécurité plus grandes.

Les virages

La remorque n'a pas la même tenue de route que la voiture à cause de son poids, de sa hauteur et de la position des roues. Attention à passer les virages beaucoup moins vite que lorsque l'on circule en "solo".

Le vent

Les remorques hautes, surtout, sont très sensibles au vent latéral. Attention, aux endroits exposés, mais aussi lors du croisement ou du dépassement des poids lourds.

Permis B

PV : 1 195 kg
PTAC : 1 300 kg

PTAC : 1 200 kg

PV : 1 540 kg
PTAC : 1 800 kg

PTAC : 2 000 kg

Permis B + formation de 7 h
Permis B 96

Permis BE

PV : 1 912 kg
PTAC : 3 500 kg

PTAC : 850 kg

▶ *Des catadioptres triangulaires complètent la signalisation des remorques.*

▲ *Avec le permis B, un véhicule loué par exemple, peut avoir un gabarit dont on n'a pas l'habitude. Et ça passe ou ça casse !*

Les camping-cars ou camionnettes avec le permis B

Il faut surveiller particulièrement la hauteur, en particulier en entrant dans les parkings surtout s'ils sont souterrains et aux manœuvres en marche arrière car la visibilité est réduite.

Le transport des passagers

■ **Nombre**
8 passagers au maximum (plus le conducteur). Au-dessus, il faut posséder le permis transport en commun.

Le nombre de passagers ne peut pas dépasser le nombre de places assises précisé sur le certificat d'immatriculation.
Il peut arriver que le nombre de passagers assurés soit inférieur au nombre de places notées sur le certificat d'immatriculation.
Il est interdit de transporter des passagers dans une remorque ou dans une caravane ou même à l'arrière d'une camionnette sans siège.

Conduire avec plusieurs passagers est différent de conduire seul. Attention à l'accélération, au freinage, à la tenue de route...

Le conducteur doit veiller à ce que les passagers ne gênent pas ses mouvements et que sa visibilité vers l'arrière soit la moins réduite possible.

■ **Adultes**
Tous doivent être attachés.

Pendant le trajet, ils ne doivent pas se détacher. Certains passagers à l'arrière se rapprochent du conducteur pour discuter. C'est extrêmement dangereux aussi bien pour leur sécurité que pour la vôtre.

■ **Enfants**
Verrouillez la sécurité enfant.
Ne les laissez pas descendre côté rue !

Sur des longs trajets, prévoir nourriture et boissons pour les enfants ainsi que des activités permettant de ne pas perturber le conducteur.
Prévoir des pauses plus fréquentes (d'1/4 h toutes les 2 heures de conduite, on peut passer à 1/4 h toutes les heures).

Les animaux

■ Un animal familier peut avoir des réactions imprévisibles qui surprennent le conducteur.

Enfermer l'animal dans une caisse prévue à cet effet ou l'isoler par une barrière ou un filet. Il est possible d'attacher l'animal avec le clip de la ceinture de sécurité et son harnais. Attachez-le de telle façon que ses mouvements ne puissent pas gêner.

▲ *Les passagers doivent être naturellement placés pour ne pas déséquilibrer le véhicule mais surtout pour ne pas masquer la visibilité du conducteur.*

▲ *Pour éviter les risques de blessures dus au déclenchement de l'airbag, le passager ne doit pas poser ses pieds sur le tableau de bord.*

▲ *Ne laissez pas un enfant se coucher à l'arrière sur les sièges.*

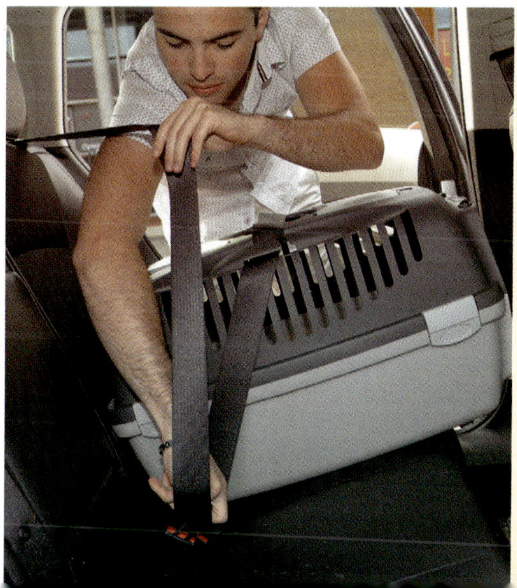

▶ *Transporter un animal dans une caisse c'est bien, à condition de bien la fixer de manière à ce qu'elle ne se balade pas en cas de freinage d'urgence.*

Le permis à points

Le permis n'est pas un document acquis définitivement.

Le permis à points a été instauré afin de responsabiliser les conducteurs et les inciter à respecter les règles du Code de la route.

Capital initial et permis probatoire

25 % des conducteurs novices sont impliqués dans un accident corporel de la circulation.

Le capital initial est de 6 points.

Le permis probatoire concerne les conducteurs qui viennent d'avoir leur permis et les conducteurs dont le permis a été annulé ou invalidé par la perte totale de points.

Parcours pour permis à 12 points

Jeunes conducteurs

De 6 à 12 points en :
- 2 ans si AAC
- 3 ans autrement

Conduite accompagnée, 2 formules :
- dès 15 ans, AAC (Apprentissage Anticipé de la Conduite),
- à partir de 18 ans : CS (Conduite Supervisée).

Le permis probatoire permet d'acquérir **progressivement** un capital de 12 points pendant la période probatoire à condition de ne commettre aucune infraction entraînant un retrait de points.

- **Permis obtenu sans AAC**
  Le conducteur obtiendra automatiquement 2 points supplémentaires par an pendant 3 ans.

- **Permis AAC (Conduite accompagnée)**
  La majoration sera de 3 points par an pendant 2 ans.

En cas de retrait de point(s) pendant la période probatoire la majoration automatique par année s'arrête.
Pour augmenter son capital de points, le conducteur aura 2 possibilités : la reconstitution automatique ou suivre un stage de sensibilisation à la sécurité routière.

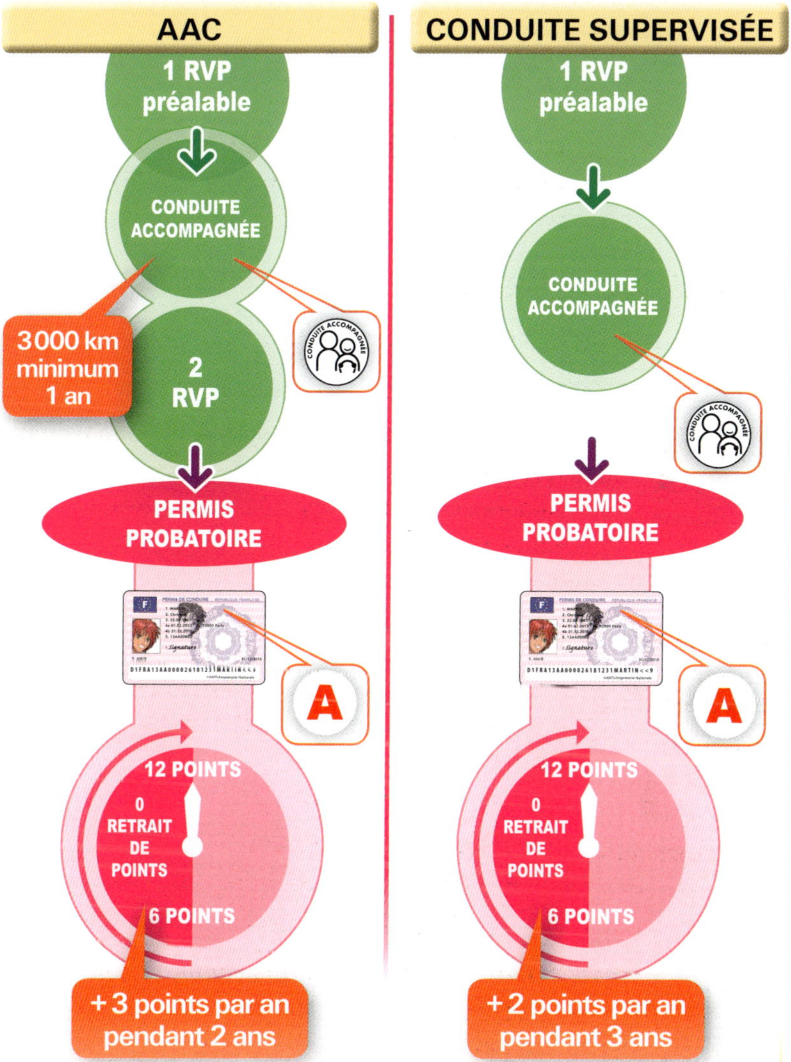

Contrairement à l'AAC, la formule "conduite supervisée" ne permet pas de réduire la durée probatoire du permis de conduire.

RVP : Rendez-**V**ous **P**édagogique

Avoir toujours avec soi le livret d'apprentissage, la photocopie du cerfa 02, et le document d'extension de garantie de l'assurance : ce sont des justificatifs en cas de contrôle par les forces de l'ordre. L'accompagnateur doit avoir son permis de conduire avec lui.

Perte de points

La perte varie selon l'infraction.

2 sortes d'infractions entraînent une perte de points :
- les contraventions (perte de 1 à 6 points),
- les délits (perte directe de 6 points).

Le fait de commettre en même temps plusieurs infractions peut entraîner un retrait cumulé de 8 points maximum.

Reconstitution du capital

Au bout de 6 mois.

La perte d'un point est récupérée automatiquement si le conducteur n'a subi aucun retrait de points durant 6 mois.

Au bout de deux ou trois ans.

Attention ! Pour les conducteurs en période probatoire, le délai reste fixé à 3 ans quelle que soit la classification de l'infraction.

Le capital est porté automatiquement à 12 points si le conducteur n'a subi aucun retrait de points pendant un délai de 2 ans. Celui-ci est porté à 3 ans si l'infraction commise est un délit ou une contravention de la 4e ou 5e classe.

Stage de formation.

Obligatoire pour tout retrait de points égal ou supérieur à 3 pendant la période probatoire.

Un stage permet de récupérer 4 points maximum. Tous les conducteurs dont le capital est passé à 6 points ou moins, reçoivent un courrier recommandé leur proposant un stage de sensibilisation à la sécurité routière. Il est possible de suivre un stage tous les ans.

Perte du permis (invalidation)

Quand il ne reste plus de points, le permis est dit "invalidé".
Pour un novice durant la 1re année du permis, cela concerne toutes les infractions à 6 points.

Le permis est automatiquement invalidé pour toutes les catégories (auto, moto, poids lourds...). La conduite est interdite. Il n'est plus possible de regagner des points en suivant un stage de sensibilisation.

Barème (exemples).

Nature de l'infraction	Amende	Suspension de permis	Retrait de points
• Excès de vitesse (de 1 à 19 km/h) vitesse supérieure à 50 km/h	68 €	Aucune	**1 point**
• Excès de vitesse (de 1 à 19 km/h) vitesse limitée à 50 km/h	135 €	Aucune	**1 point**
• Excès de vitesse (de 20 à 29 km/h)	135 €	Aucune	**2 points**
• Excès de vitesse (de 30 à 39 km/h)	135 €	3 ans maxi	**3 points**
• Excès de vitesse (de 40 à 49 km/h)	135 €	3 ans maxi	**4 points**
• Excès de vitesse de 50 km/h ou plus	Maxi 1 500 €	3 ans maxi	**6 points**
• Récidive d'excès de vitesse de 50 km/h ou plus	Maxi 3 750 €	3 ans maxi	**6 points**
• Alcoolémie (de 0,50 à 0,79 g/l de sang)	135 €	3 ans maxi	**6 points**
• Conduite après usage de drogues	Maxi 4 500 €	3 ans maxi	**6 points**

Attention, quand un permis est suspendu, tous les permis le sont aussi.

Il est possible de connaître à tout moment le solde des points du permis de conduire via une connexion à un site spécialement dédié et sécurisé : http://www.telepoints.info

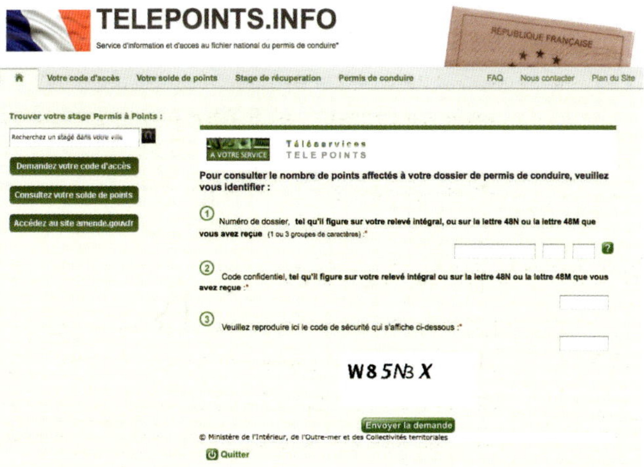

▲ *Remplissez au préalable votre demande de code d'accès pour pouvoir consulter ce site.*

Retrait immédiat du permis de conduire

Pour des raisons de sécurité immédiate, les agents peuvent retirer le permis sur le champ. Il sera transformé en suspension administrative par le préfet en attendant la décision du tribunal.

- État alcoolique ou refus de dépistage.
- Excès de vitesse de 40 km/h et plus.
- Usage de stupéfiants.
- Lors d'un accident mortel avec soupçon d'infraction liée à la vitesse, aux règles de priorités de passage, de croisement, ou de dépassement.

Contraventions

Le propriétaire d'une voiture est responsable des infractions commises, sauf s'il prouve que ce n'est pas lui qui était au volant.

Les amendes forfaitaires

Le conducteur peut contester une amende mais il lui faudra d'abord payer, puis s'expliquer devant le tribunal de police, qui pourra le relaxer ou le condamner. L'amende sera alors plus élevée.

Le tribunal de police

Pour les contraventions de 5e classe (défaut de permis ou d'assurance, détecteur de radar...) : amende jusqu'à 1 500 € et 3 ans maxi de suspension de permis.

Délits

Le tribunal correctionnel

Les délits sont les infractions les plus graves, pour lesquelles le conducteur sera jugé devant un tribunal correctionnel. Les délits peuvent entraîner une peine d'emprisonnement.

Le juge peut par exemple obliger le conducteur à suivre un stage de sécurité routière ou à effectuer des travaux d'intérêts généraux (TIG).

Nature de l'infraction	Amende maximum	Amende forfaitaire		
		minorée	normale	majorée
1re classe	–	–	11 €*	33 €
2e classe	–	22 €	35 €	75 €
3e classe	–	45 €	68 €	180 €
4e classe	750 €	90 €	135 €	375 €
5e classe	1 500 €	–	–	–

▲ *Le retrait de points est effectif le jour du paiement de l'amende (forfaitaire ou majorée).*
** 4 € pour les contraventions commises par les piétons.*

Le **délit de fuite** est constitué lorsque le conducteur refuse d'être identifié alors qu'il est conscient d'avoir causé un accident ayant entraîné des dommages matériels et corporels. Jusqu'à 3 ans de prison et 75 000 € d'amende.

Un conducteur qui refuse d'obéir à un ordre de s'arrêter émanant des forces de l'ordre, commet un **délit de refus d'obtempérer**. Jusqu'à 3 ans de prison et 3 750 € d'amende.

Ne pas porter secours, ou ne pas déclencher un secours, constitue un délit et est passible de sanctions graves pour **non-assistance à personne en danger** (peine de prison et lourde amende). Jusqu'à 5 ans de prison et 75 000 € d'amende.

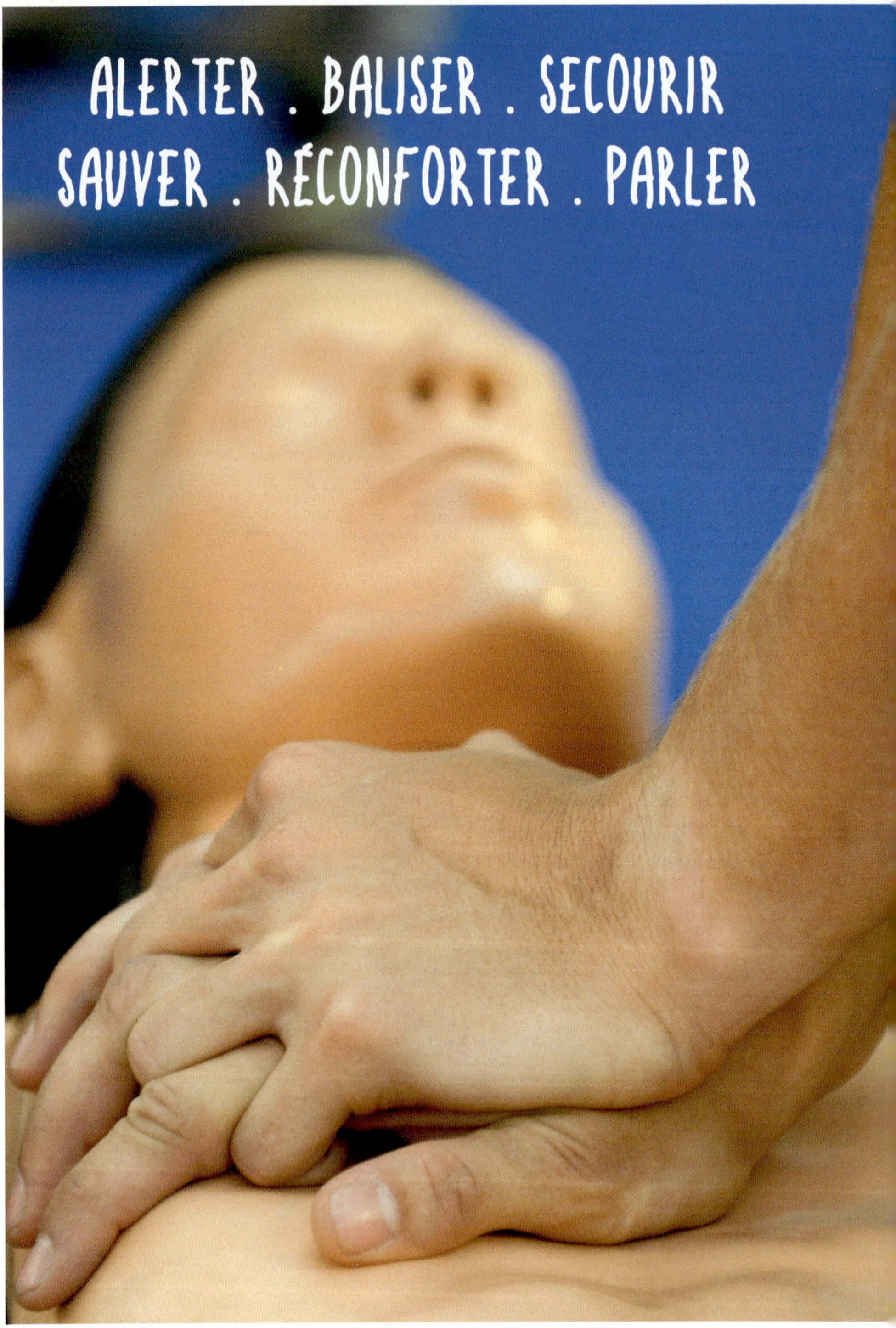
ALERTER . BALISER . SECOURIR
SAUVER . RÉCONFORTER . PARLER

Les premiers secours

A

Porter secours

Sur les lieux d'un accident, 2 possibilités existent:
1 - les secours ont déjà été organisés > il faut éviter de s'arrêter,
2 - l'accident vient de se produire > il faut absolument s'arrêter et porter assistance aux victimes.

Protéger la zone

C'est baliser et sécuriser les lieux pour éviter des accidents en chaîne.

- En vue de l'accident, allumer les feux de détresse et ralentir.
- Se garer après le lieu de l'accident là où il ne crée aucune gêne, ni pour l'arrivée des secours, ni pour les autres usagers.
- Enfiler le gilet de haute visibilité de jour comme de nuit, baliser les lieux (feux de détresse allumés et triangles) dans les deux directions.
- Couper le contact des véhicules, si possible serrer le frein à main.
- Ne pas fumer et veiller à ce que personne ne fume.
- Mettre en sécurité les personnes descendues d'elles-mêmes derrière la glissière de sécurité s'il y en a une. Idem pour vos passagers si ces derniers ne vous aident pas.

Triangle de présignalisation

Le triangle doit être placé à 30 mètres au moins de l'accident.
Augmenter la distance sur route nationale (100 m).

Sur autoroute

S'arrêter sur la bande d'arrêt d'urgence, sortir du côté droit. Mettre en sécurité vos passagers. Marcher toujours derrière la glissière de sécurité, jamais sur la chaussée. Ne pas poser de triangle par terre.

Si vous êtes plusieurs à vous arrêter: organisez-vous!

Répartir les rôles sur la protection, l'alerte et l'assistance aux personnes blessées dans l'accident.

Ne pas porter secours, ou ne pas déclencher un secours, constitue un délit et est passible de sanctions graves pour non-assistance à personne en danger (peine de prison et lourde amende).

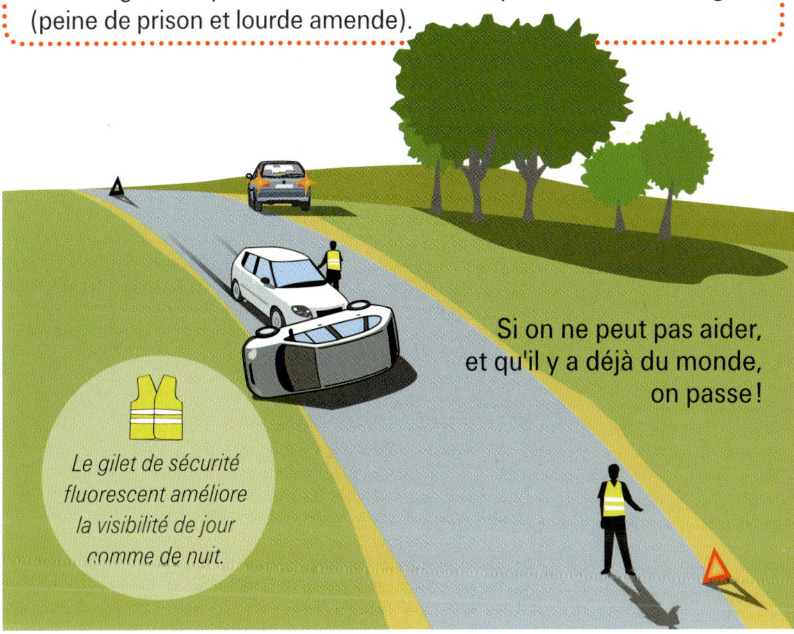

Gestes à ne pas faire :

- se précipiter, se mettre en danger inutilement,
- s'arrêter n'importe comment aux abords de l'accident,
- effectuer les gestes de premiers secours sans avoir appelé les secours.

ÉVALUER LE RISQUE DE SUR-ACCIDENT

Passage à niveau.
Risque de chute.
Fuite de carburant.
Camion-citerne transportant des matières dangereuses.
Chargement d'un poids lourd.

Évaluer l'état des victimes

Bien souvent vous n'êtes pas seul à agir. Si une victime est en détresse respiratoire, c'est une autre personne qui appelle les secours.

Les minutes et les secondes comptent pour sauver une vie.

Évaluer l'état de chaque victime pour déterminer la gravité des blessures.

- Est-elle inconsciente ?
- Respire-t-elle ?
- Saigne-t-elle ?
- Que ressent-elle ?

Alerter ou faire alerter

La borne d'appel d'urgence indique automatiquement la position aux services d'urgence.

Si le véhicule est équipé d'un dispositif d'appel d'urgence(e call), appuyer sur la touche SOS au tableau de bord.

- Donner l'alerte par le moyen le plus rapide : borne d'appel d'urgence sur autoroute, ou utiliser un téléphone. Même si ce n'est pas le vôtre et qu'il est verrouillé, appeler les services d'urgence est toujours possible.
- Donner un maximum de renseignements pour prévoir les moyens techniques et humains nécessaires à l'intervention. Préciser si des personnes sont incarcérées dans le véhicule. Si un camion est en cause, indiquer l'existence ou non d'une plaque orange.
- Écouter votre interlocuteur pour connaître les gestes de premiers secours à faire.
- Ne jamais raccrocher sans y avoir été invité.

■ Les numéros d'urgence

Accident de la route, composer de préférence le 112 depuis un téléphone portable.

18	15	112
Sapeurs pompiers	*Service d'aide médicale urgente*	*Numéro d'appel européen des services de secours*

ENVOI DE SMS : au centre National Relais 114.

- **Contenu du message d'alerte :**

Qui ? ☐	Votre nom et N° de téléphone.
Quoi ? ☐	La nature de l'accident, risques éventuels.
Quand ? ☐	L'heure de l'accident.
Où ? ☐	Le lieu précis de l'accident (rue, numéro de route, le sens de direction, un point kilométrique…).
Combien ? ☐	Nombre et type de véhicules, nombre de blessés, gravité des blessures.

☑ **Il faut avoir toutes les réponses pour alerter efficacement.**

◀ *Cette plaque comportant des numéros ou non indique le transport de matières dangereuses.*

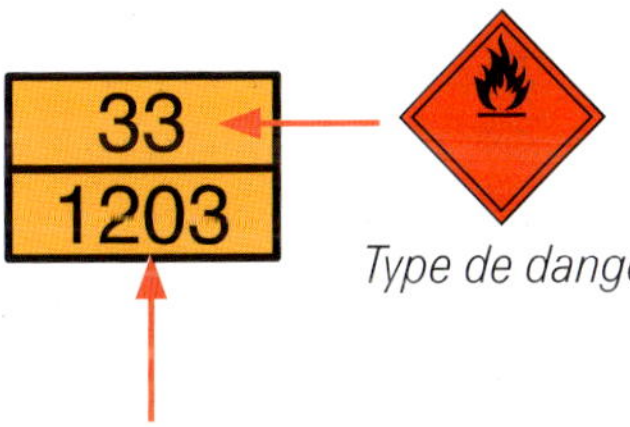

Type de danger

Nature du danger

◀ *Le n° 112 fonctionne réseau saturé et carte SIM bloquée. C'est le numéro d'appel européen pour les étrangers en France, et les Français en Europe.Il est relié au 15 ou au 18 selon les départements.*

Le 114 est un numéro de SMS d'urgence et non d'appel. Il est destiné aux personnes ayant des difficultés à communiquer vocalement.
Il est uniquement accessible de France métropolitaine.

Secourir

Secourir, c'est porter une assistance aux victimes, les réconforter.
Des gestes simples faciles à réaliser permettent d'attendre l'arrivée des secours.

■ À faire

Couvrir car un blessé a froid même en plein soleil.	La couverture de survie est isothermique. Le côté doré placé vers l'extérieur protège du froid.
Surveiller les victimes en leur parlant.	Ne pas les affoler en décrivant leurs blessures. Les rassurer.
S'assurer qu'un blessé puisse respirer.	Libérer les voies aériennes.
Compresser une plaie qui saigne abondamment.	Stopper l'hémorragie en comprimant la lésion avec une serviette, un foulard... propre.

■ À ne pas faire

Ne pas déplacer un blessé sauf risque d'incendie ou de noyade.
Ne jamais donner à boire même si le blessé le demande avec insistance.
Ne pas retirer le casque d'un motard.

Bien souvent les services de secours donnent tous les conseils nécessaires par téléphone. Les gestes techniques s'apprennent dans les stages de premiers secours PSC1. Ne pas hésiter à vous inscrire.

Usage d'un défibrillateur (cas d'un blessé sur le sol)

Sans compétence particulière, on peut utiliser un défibrillateur automatique. Allumez-le : une voix électronique vous donne les instructions à suivre. Elle vous explique d'abord comment placer les électrodes sur la peau nue de la victime.

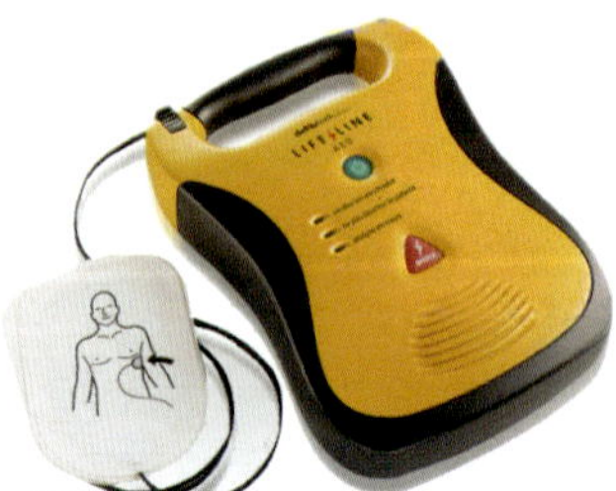

L'appareil fait lui-même le diagnostic et délivre le choc si c'est nécessaire : donc pas de risque de se tromper !

Écartez-vous de la victime pendant que le défibrillateur délivre l'impulsion électrique. Le défibrillateur va alors vérifier si le cœur est reparti et vous donnera les instructions à suivre.

- **Comment savoir si la victime a perdu connaissance?**

Pour apprécier si la victime est consciente, posez des questions simples et donnez des ordres simples:
Quel est votre nom? Serrez-moi la main si vous m'entendez!
Ouvrez les yeux, fermez les yeux.

Pas de réponse ou pas d'actions: la victime est inconsciente.
La principale complication est la défaillance de la respiration qui va entraîner un arrêt respiratoire puis un arrêt cardio-circulatoire.

- **Comment contrôler si la victime respire?**

▲ *Vérifier la respiration.*

▲ *Vérifier son pouls.*

Écouter les mouvements de la poitrine, écouter le bruit, percevoir le souffle.

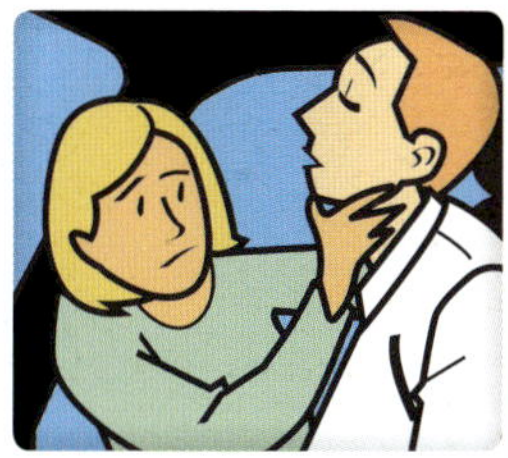

▲ *Basculer doucement sa tête en arrière pour ouvrir ses voies respiratoires.*

- **Que faire face à ce piéton inconscient qui ne respire pas normalement?**

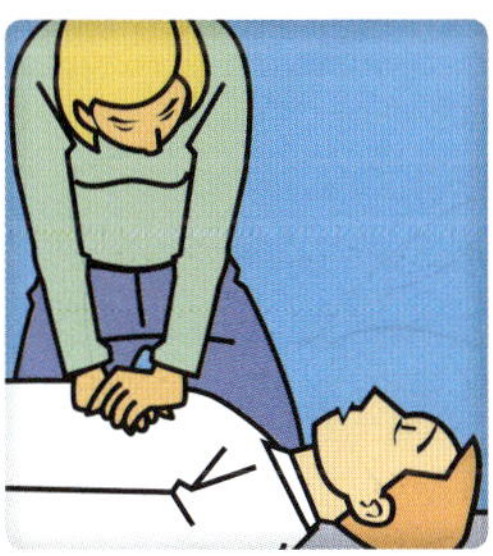

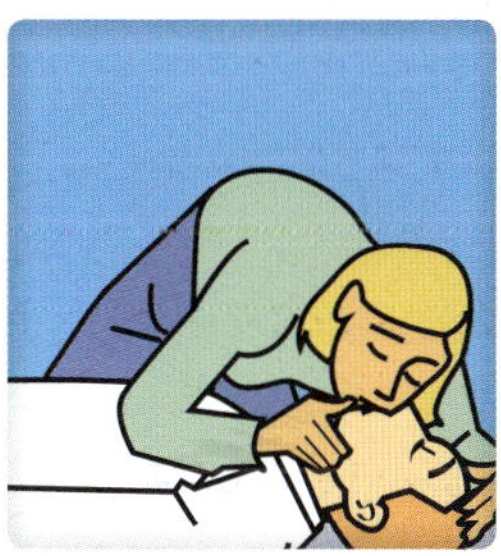

▲ *Des compressions thoraciques (massage cardiaque) et des insufflations (bouche-à-bouche) doivent être pratiquées si vous y avez été initié et cela jusqu'à l'arrivée des secours.*

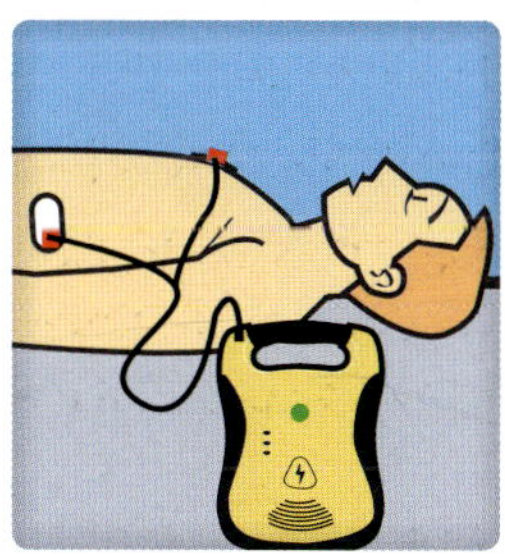

▲ *À la portée de tous, le défibrillateur simple d'utilisation une fois allumé, permet d'automatiser une réanimation.*

RÉGLAGE SIÈGE ☒ RÉGLAGES RÉTROS ☒
CEINTURE ☒ VITRES PROPRES ☒...
OSCAR
CODES
ROUSSEAU
sparco

Prendre et quitter son véhicule

S'installer au poste de conduite

Une position de conduite correcte permet d'avoir une bonne visibilité, d'agir rapidement et sans fatigue. Ces réglages doivent être faits avant de partir.

Être à l'aise

■ Pas d'entraves aux mouvements

Vêtements amples et souples. Pas de talon haut.

Être bien assis

■ Siège
Lorsque la position retenue est correcte, vérifier le verrouillage du siège.

- Régler la distance entre votre siège et les pédales : la jambe gauche doit être légèrement fléchie lorsque la pédale d'embrayage est enfoncée (la plante des pieds exerce la pression et non les orteils).
- Régler la hauteur du siège afin d'avoir une bonne visibilité en étant redressé. Régler l'inclinaison du dossier de manière à être droit.

■ Volant
Le tenir des deux mains avec souplesse, sans crispation, dans la position appelée 9 h 15 ou 10 h 10.

Vous devez pouvoir tourner le volant sans avoir les bras complètement tendus lorsque votre dos est au fond du siège. Pour cela, le réglage de la profondeur du volant est parfois nécessaire.
Le réglage de la hauteur sera parfois utile pour bien voir l'ensemble des indications sur le tableau de bord.

■ Appuie-tête

L'appuie-tête protège la tête en limitant son mouvement vers l'arrière au moment d'une collision (coup du lapin). La partie supérieure de l'appuie-tête doit se retrouver au moins à la même hauteur que le dessus de votre tête.

■ Position des pieds

- Pied droit, talon au sol face au frein. Il suffit de faire pivoter le pied pour utiliser alternativement le frein et l'accélérateur.
- Pied gauche, face à la pédale d'embrayage pour embrayer ou débrayer. Lorsqu'il n'est pas utilisé, il est placé en appui sur le passage de roue.

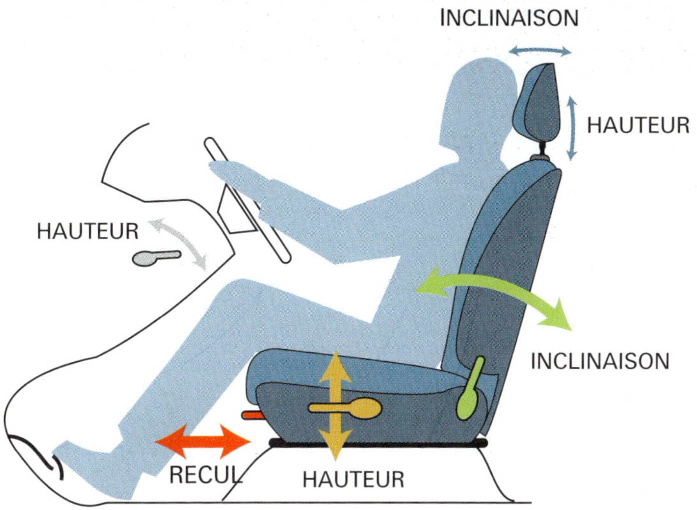

▲ *Ne jamais faire les réglages en roulant !*

9 h 15 ou 10 h 10 : cette position permet de mieux maîtriser la trajectoire du véhicule en cas d'urgence.

▲ *Danger airbag ! Ne jamais conduire avec les mains ou les pouces à l'intérieur du volant.*

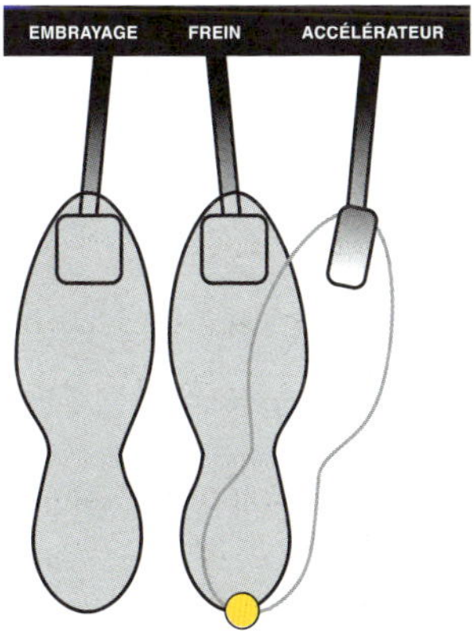

▲ *Boîte automatique :*
- pas de pédale d'embrayage,
- utiliser uniquement le pied droit,
- ne pas freiner avec le pied gauche.

Avoir une visibilité optimale

■ **Rétroviseurs**
Un bon réglage permet de réduire au maximum les angles morts.

Régler les rétroviseurs en étant bien au fond du dossier. Même bien réglés, les rétroviseurs ne permettent pas de voir partout vers l'arrière.
Le rétroviseur intérieur a une position "nuit" qui permet de ne pas être ébloui. Il suffit de tirer la manette.
Le rétro peut être électrochrome c'est-à-dire que la lumière diffusée dans le miroir s'adapte automatiquement pour ne pas éblouir le conducteur.

Ajuster la ceinture

■ **Ceinture**

En bouclant la ceinture, veiller à ce que la sangle soit bien à plat (non vrillée) et tendue, le plus près possible du corps.
Régler la ceinture en hauteur de façon à ce que la sangle passe bien au milieu de l'épaule et non sur le cou.

▲ *Angle mort gauche : tourner la tête (menton au-dessus de l'épaule).*

▲ *Angle mort à droite : tourner la tête à droite.*

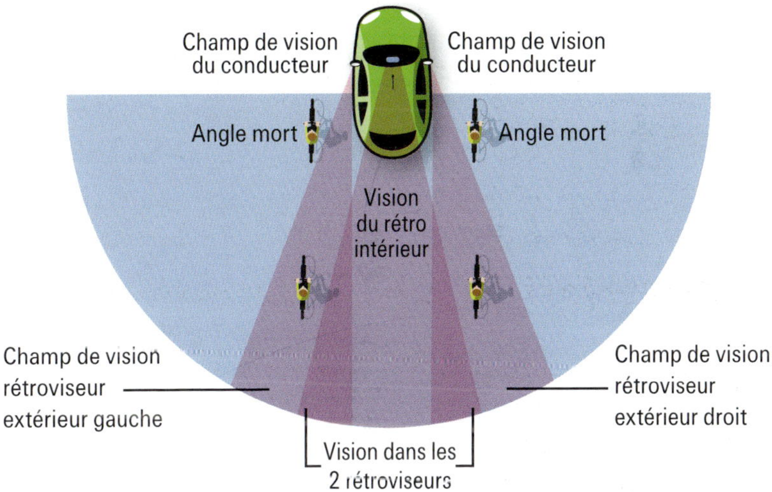

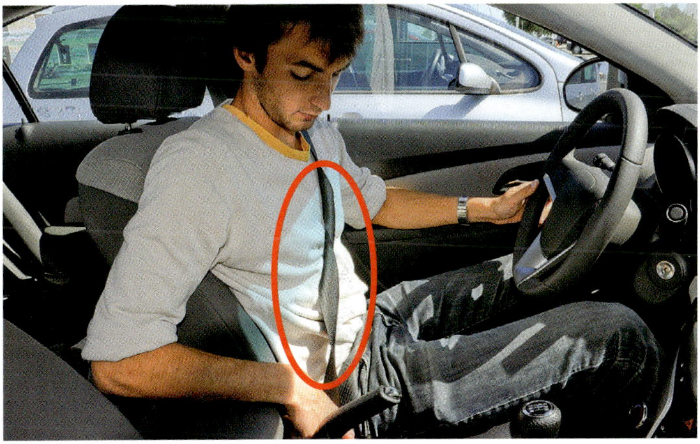

▲ *Une ceinture détendue n'est plus efficace. L'usage d'un clip ou d'une pince à linge, pour se sentir moins sanglé, est donc à proscrire.*

Avant de partir

Quelques précautions, faciles à prendre avant de partir, améliorent la sécurité et évitent des problèmes.

■ À l'approche de la voiture

Avant de monter dans la voiture, un rapide coup d'œil permet de s'assurer :
- qu'aucun pneu n'est dégonflé,
- qu'il n'y a pas de trace de fuite sur le sol,
- que les plaques et les feux sont propres.

■ Vérifications

Allumé, il ne reste que quelques litres.

Vérifier de temps à autre :
- la propreté des vitres et l'état des essuie-glaces,
- l'état de la carrosserie (bosselages nouveaux),
- l'état des pneus.

Véhicule inhabituel :
Vérifier la présence à bord du véhicule du gilet rétroréfléchissant ainsi que d'un triangle de présignalisation.
Vérifier le niveau de carburant. Choisir le carburant préconisé par le constructeur, rappelé généralement sur la trappe du réservoir (ce n'est pas toujours le cas). Diesel = Gazole

■ Préparer son itinéraire

Programmer si nécessaire le GPS sur votre destination avant de partir. Se laisser guider par les consignes sonores. Les coups d'œil sur la carte doivent être brefs.

■ Mise en marche du moteur

Ce voyant reste allumé si la ceinture n'est pas attachée.

Avant de mettre le contact, vérifier que tous les passagers sont correctement installés et attachés. Vérifier qu'aucune vitesse n'est enclenchée, sinon mettre le point mort. Si la boîte de vitesses est automatique, pour mettre le moteur en route, il faut être sur la position P (parking).

▲ *Repérer les obstacles éventuels avant de manœuvrer pour partir. Dans une rue à double sens de circulation, monter face à la circulation.*

▲ *L'hiver, passez la raclette sur toutes les surfaces vitrées. Enlevez la neige même sur le toit !*

▲ *Véhicule inhabituel : s'installer et repérer les différentes commandes*

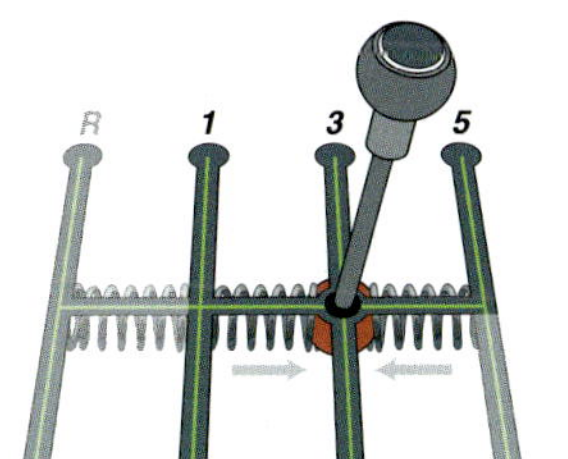

▲ *Boîte manuelle*
Au point mort, le moteur peut tourner sans entraîner les roues.

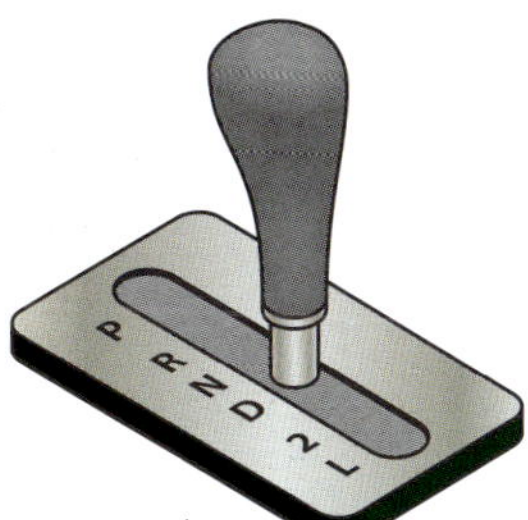

▲ *Boîte automatique*
Les changements entre les positions P, R, N et D doivent se faire à l'arrêt, pied sur le frein. Attention, sur D (Drive) le véhicule avance dès qu'on relâche le frein.

Précautions avant de quitter la voiture

■ Immobilisation du véhicule
Sur une boîte automatique, mettre le levier sur P (comme Parking) avant d'enlever le pied du frein et serrer le frein à main.

Après avoir garé le véhicule dans un endroit autorisé et non dangereux, s'assurer que l'antivol de direction est bloqué et que le frein à main est serré. Arrêter le moteur (clé de contact ou bouton start and stop), mettre au point mort et serrer le frein à main (même sur terrain plat).

■ Vérifications

- Avant d'ouvrir la portière, vérifier que vous n'allez pas gêner un usager (véhicule qui passe ou vélo qui circule sur la bande cyclable). Passer la consigne aux passagers surtout si vous stationnez du côté gauche dans une rue à sens unique.
- Pour mettre l'antivol en service, il suffit de retirer la clé du contact et de tourner le volant jusqu'à ce qu'il se bloque. Pour le libérer on tourne légèrement le volant afin qu'il ne soit pas en butée ni d'un côté ni de l'autre. Tourner la clé de contact.
- Faites descendre les enfants du côté du trottoir. Il est conseillé de quitter le véhicule en faisant face à la circulation.
- Ne pas laisser de documents importants ou d'objets visibles (smartphone...).
- Fermer le véhicule à clé à l'aide de la télécommande. Attention, le verrouillage centralisé se fait si les portes ou le coffre sont bien fermés. Si la télécommande ne fonctionne plus, fermer les portes avec la clé.

■ Bébés: ne jamais les laisser enfermés seuls dans un véhicule.

Les systèmes de verrouillage automatique des portières et des vitres ont des effets pervers:
enfermé à l'intérieur d'un véhicule, un petit enfant ne peut absolument pas baisser une vitre ni ouvrir une portière.
Très vite, il peut se déshydrater et/ou étouffer.

◀ *Pour stationner dans une rue à forte pente, il est conseillé de tourner un peu les roues vers le trottoir. Enclenchez une vitesse et n'oubliez pas le frein à main !*

Il est interdit de stationner plus de 7 jours consécutifs au même endroit.

Une réglementation locale peut imposer une durée inférieure.

▲ *Avant d'ouvrir la portière, assurez-vous qu'il n'y a pas de danger. Ouvrir la portière de préférence avec la main doite permet de se retourner et de voir en vision directe derrière soi.*

◀ *Été comme hiver ! Ne jamais laisser des enfants en bas âge enfermés seuls dans la voiture.*

21°C/ 70°F
80%
15km/H
10:45 am
Home
Summary
Media
Power
Remote
System control
Battery 110kWh
85%
Range km
650
Energy consumption
VOYANT ORANGE : AIDE-MÉMOIRE
VOYANT ROUGE : PROBLÈME URGENT

La mécanique et les équipements

M

Vue d'ensemble

Le châssis

Il est le squelette de la voiture. Il porte tous les organes du véhicule. Il est prévu pour se déformer à certains endroits et résister à d'autres afin de protéger les occupants de l'habitacle en cas de choc.

Le moteur

Il fournit l'énergie nécessaire pour avancer. Il est commandé par la pédale d'accélérateur.

La transmission

Elle assure la liaison entre le moteur et les roues. L'embrayage permet de séparer ponctuellement le moteur du reste de la transmission, ce qui permet de manipuler le levier de vitesses.

La boîte de vitesses

Elle permet de se servir de la puissance du moteur et de l'adapter à la demande.

Les roues

Les roues motrices sont :
- à l'avant pour les "tractions",
- à l'arrière pour les "propulsions",
- à l'avant et à l'arrière pour les "4x4".

La suspension

Elle a pour rôle de maintenir les pneus en contact avec le sol, et d'assurer la stabilité du véhicule, en particulier dans les virages et au freinage.

Les pneus

La marque, les dimensions, les indices de vitesse et de charge figurent sur le flanc des pneus.

Les freins
À disque : des plaquettes pincent le disque.

Tout véhicule comporte un frein principal commandé par une pédale (C) agissant sur les 4 roues et d'un frein de parcage (frein à main).

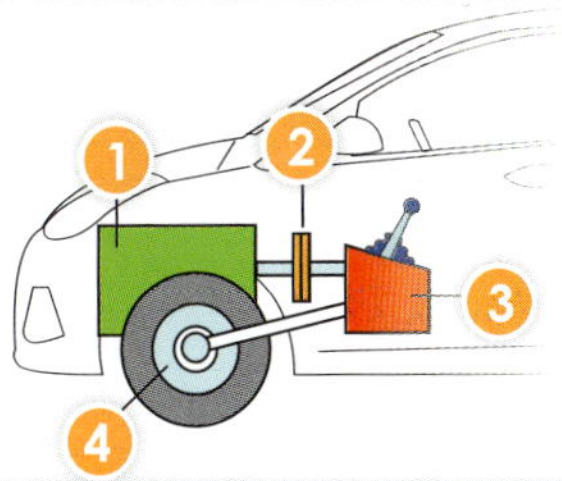

◀ Le moteur 1 entraîne au moins 2 roues 4 de la voiture.

Entre le moteur et les roues, il y a la boîte de vitesses 3 qui peut être manuelle ou automatique.

Si la boîte de vitesses est manuelle, il y a un embrayage 2 qui permet de séparer le moteur et les roues motrices pour changer les vitesses.

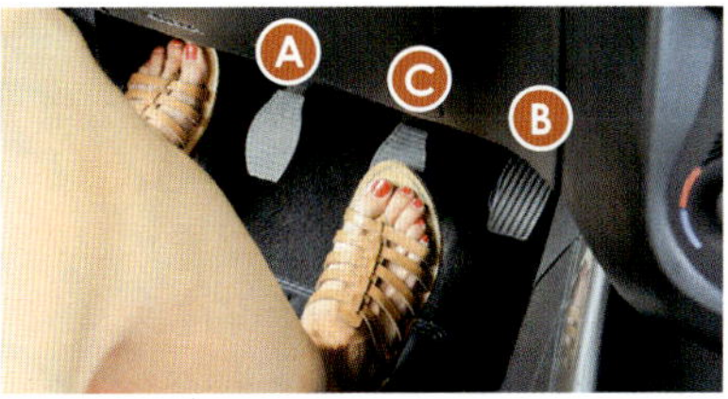

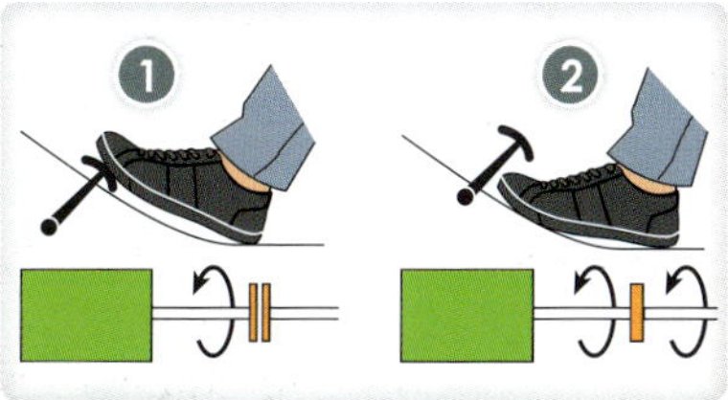

▲ A L'embrayage est commandé par la pédale de gauche, avec le pied gauche.

B La pédale d'accélérateur permet de doser la vitesse.

▲ 1 Position débrayée: les roues ne sont pas entraînées.

2 Position embrayée: les roues sont entraînées.

▶ Le levier de vitesses permet de changer de rapport et pour cela il faut débrayer.

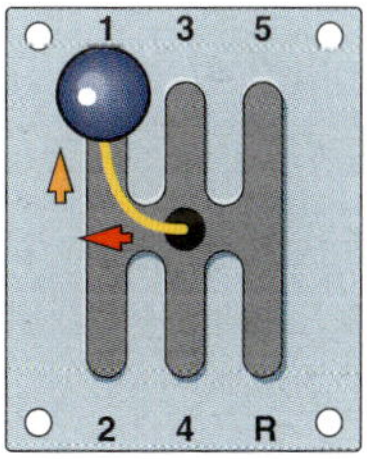

1re et 2e vitesses: faible allure, puissance élevée.
4e à 6e vitesse: vive allure, puissance réduite.

▲ Compte-tours

Le tableau de bord

Les compteurs

L'affichage digital multifonctions est de plus en plus répandu.

L'indicateur de vitesse permet de vérifier l'allure.
Le compte-tours indique le régime du moteur.
Le compteur kilométrique enregistre le nombre de kilomètres parcourus depuis sa mise en circulation. Des totaliseurs partiels pouvant être remis à zéro permettent de calculer le coût par kilomètre.

Les commandes

Il est indispensable de savoir trouver rapidement les principales sans quitter la route des yeux.

Commande du klaxon

Commande des essuie-glaces et lave-glaces

Commande de la ventilation

Ventilation vers le pare-brise

Ventilation vers le haut de l'habitacle

Dispositif antivol

Pour le mettre en service, il suffit de retirer la clé de contact et de tourner le volant jusqu'à ce qu'il se bloque.

Les voyants

Pour les identifier tous, reportez-vous à la notice d'utilisation du véhicule.

Voyants verts ou bleus	Voyants rouges	Voyants orange
=	=	=
feux allumés	**problème urgent**	**aide-mémoire**

Le contacteur démarreur

Les clés ou "cartes" servent de moins en moins à démarrer le moteur.
Sur les véhicules récents, on met le moteur en marche, en appuyant sur un bouton et en débrayant ou en freinant simultanément (suivant les marques).

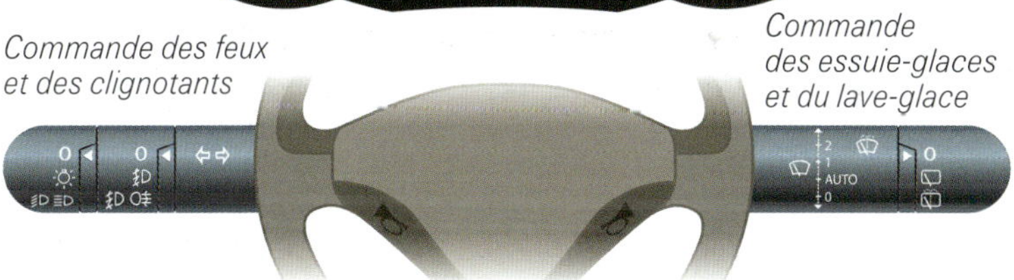

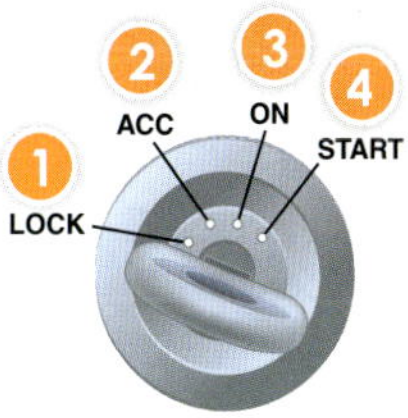

1 - *Déverrouillage de l'antivol volant en tournant simultanément la clé et le volant.*

2 - *"Accessoires" permet d'écouter la radio par exemple.*

3 - *"Contact" les voyants d'alerte s'allument avant la mise en route du moteur. Sur certains véhicules Diesel, attendre dans cette position l'extinction du voyant de préchauffage du moteur.*

4 - *Mise en marche du moteur. Lâcher la clé dès que le moteur tourne.*

◀ *Allumage du contact : appuyer deux fois sur le bouton sans appuyer sur la pédale d'embrayage.*
Les voyants d'alerte s'allument.

L'éclairage

La voiture est équipée de dispositifs d'éclairage et de signalisation pour voir et être vu.
L'éclairage au Xénon est un nouveau procédé, 2 fois plus puissant, plus profond et qui améliore la visibilité de nuit.

À l'avant

- 2 feux de route : portée de 100 m mini.
- 2 feux de croisement : portée de 30 m mini.
- 2 feux de position : visibles à 150 m mini.

- Facultatifs :
  - 2 feux diurnes : ils permettent de mettre en évidence le véhicule de jour,
  - 2 feux de brouillard.
- Les faisceaux des feux de croisement éclairent plus loin à droite qu'à gauche pour ne pas éblouir les autres usagers.

À l'arrière

- 2 feux de position rouges : visibles à 150 m.
- 3 feux STOP rouges.
- 2 catadioptres rouges.
- 1 ou 2 feux de marche arrière.
- 1 ou 2 feux de brouillard.

- Feux STOP : ils s'allument lorsqu'on appuie sur la pédale de freins.
  Toutes les voitures récentes ont un 3e feu STOP.
- Feux de marche arrière (de recul) : ils s'allument quand on passe la marche arrière (lumière blanche).
- Feu(x) de brouillard arrière : quand il n'y en a qu'un, il est placé à gauche.

Des capteurs pour plus de sécurité

Lorsque les capteurs en haut du pare-brise détectent la baisse de luminosité, les feux de croisement sont automatiquement allumés.

Les feux adaptatifs tournent leurs faisceaux en fonction de la position du volant pour éclairer la trajectoire que le véhicule va suivre.
Des capteurs d'angle surveillent l'angle du volant pour éclairer la trajectoire que le véhicule va suivre.
Des capteurs de niveau permettent l'inclinaison vers le haut ou vers le bas des feux pour corriger l'inclinaison détectée du véhicule.

Capteur de pluie

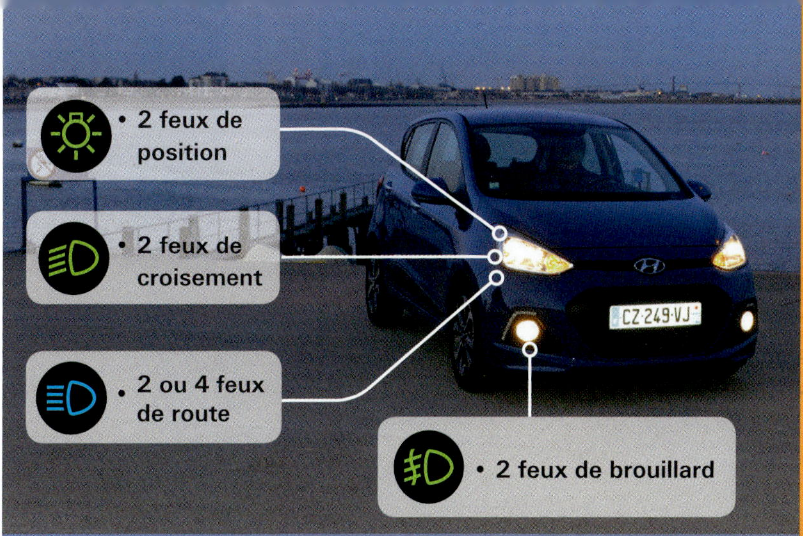

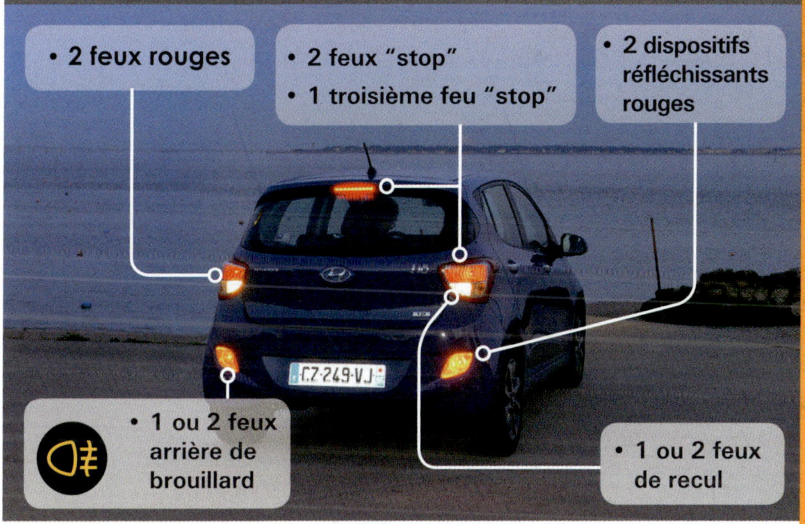

▲ *Les feux diurnes.*

▲ *Les feux d'angle.*

Les visites techniques

Le contrôle technique

La 1re visite doit avoir lieu dans les 6 mois qui précèdent le 4e anniversaire d'une voiture neuve.
Le renouvellement doit être effectué tous les 2 ans et avant toute vente de la voiture si le dernier contrôle date de plus de 6 mois.
Sur l'ensemble des points contrôlés, la plupart peuvent faire l'objet d'une réparation obligatoire avec contre-visite sous 2 mois.

Les révisions constructeur

Véritable check-up du véhicule avec bien sûr la vidange, le remplacement des filtres (à huile, à air, à gasoil). Consulter la notice pour connaître la périodicité. Généralement tous les 20 000 km.

La surveillance du conducteur

Autour du véhicule, contrôler :
- l'état
- la propreté
- le fonctionnement

Feux avant et arrière : bloc optique non cassé...
Rétroviseurs
Pare-brise : pas de fissure ou d'impact...
Essuie-glaces : changer les balais d'essuie-glaces s'ils présentent des craquelures ou s'ils laissent des traces sur le pare-brise.

Tableau de bord

Vérifier l'allumage des voyants d'alerte lors de la mise en marche du contact. Diagnostiquer la panne si un voyant s'allume en roulant.

Côté moteur, vérifier les niveaux

Effectuer les contrôles sur sol plat, moteur arrêté depuis quelques minutes.

▲ *Lave-glace : à remplir régulièrement avec du liquide antigel.*

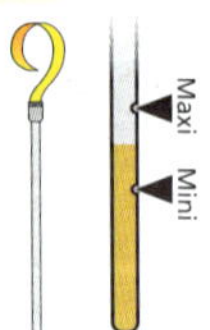

▲ *Huile : niveau près du repère maxi.*

▲ *Les freins : niveau près du repère maxi.*

▲ *Liquide de refroidissement : niveau près du repère maxi.*

▼ *Lorsqu'un voyant s'allume en roulant :*

	Arrêt immédiat.	La pression d'huile est insuffisante. Il y a risque de casse moteur. Faites-vous dépanner !
	Arrêt immédiat.	Le moteur n'est plus refroidi si vous continuez c'est la casse moteur. La courroie est peut-être cassée ; la pompe à eau est défectueuse ; un joint de culasse a rendu l'âme.
	Le moteur se met en sécurité.	Autodiagnostic : défaut du système d'allumage, d'injection ou du système de dépollution.
	Arrêt immédiat.	Baisse de pression du circuit de freinage ou un niveau de liquide de freins trop faible.
	Usure des plaquettes de frein.	À changer au plus vite.
	La batterie ne charge plus.	L'alternateur est défaillant. Possibilité de rouler jusqu'au prochain garage. Batterie à plat : brancher une 2e batterie en parallèle (les + ensemble et les - ensemble) ou la remplacer. 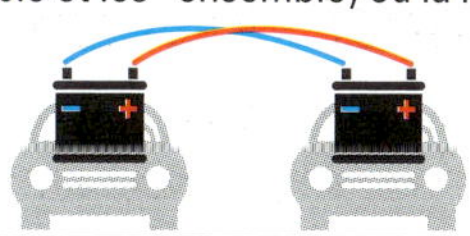
	Se diriger vers une station essence.	Alerte de carburant au minimum. Possibilité de parcourir plusieurs dizaines de kilomètres avant la panne sèche.
	Vérifier la pression	Système de surveillance de la pression des pneus. Un pneu est dégonflé ou crevé.
	Ampoule grillée	Fréquence rapide du clignotant droit ou gauche. Le clignotant droit ou gauche à l'avant ou à l'arrière ne fonctionne plus.

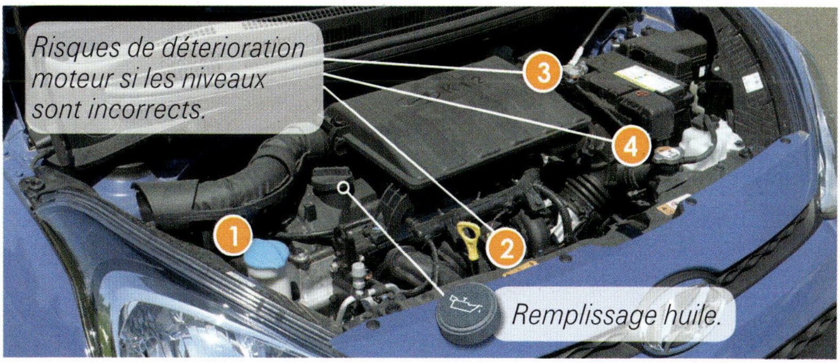

Les pneus

Une bonne adhérence dépend essentiellement des pneus et notamment de la profondeur des sculptures.

1,6 mm
C'est la profondeur réglementaire minimale des rainures principales.
L'usure des pneus doit être uniforme...

Des indicateurs d'usure sont disposés dans le fond des rainures principales.
Quand la gomme atteint ces indicateurs, il reste 1,6 mm de profondeur : il faut changer les pneus.
Une usure irrégulière signifie que les pneus ne sont pas gonflés correctement ou qu'un défaut de parallélisme existe.
Des vibrations gênantes se font parfois sentir dans le volant. Le véhicule a tendance à dévier.

État des flancs

Vérifiez l'état des flancs particulièrement après avoir heurté un trottoir. En cas de boursouflure (hernie) ou de déchirure, il faut changer le pneu même s'il n'est pas usé, car le risque d'éclatement est important.

La pression
Toujours vérifier la pression des pneus à froid.
Vérifiez tous les mois, n'oubliez pas la roue de secours.

Des pneus sous-gonflés s'usent plus vite ; il y a risque d'éclatement ; la consommation de carburant est plus élevée.

Augmentez cette pression de 200 à 300 grammes si le véhicule est chargé, en cas de long trajet et sur autoroute.

En cas de crevaison
Si la roue de secours est une "galette" respectez la vitesse maximale préconisée.

La roue de secours n'est pas obligatoire mais il est dangereux de circuler avec des pneus en mauvais état.
Selon les modèles de voitures, le cric est sous le capot ou dans le coffre.
La roue "galette" permet de rejoindre un garage.
La vitesse est limitée à 80 km/h.

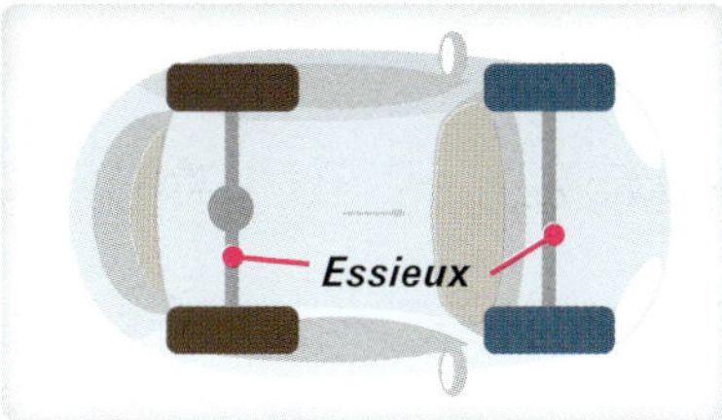

▲ Monter des pneus de marques, types et caractéristiques identiques sur le même essieu.

▲ Le conducteur peut être alerté d'une pression insuffisante par un témoin d'alerte situé sur le tableau de bord.

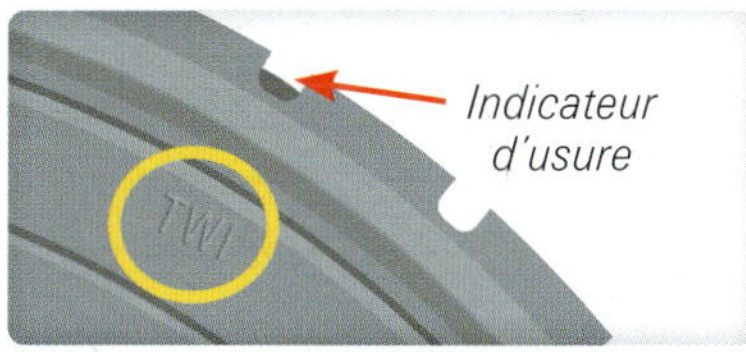

▶ Les indicateurs d'usure sont repérés sur le flanc du pneu par un symbole.

▲ Pneus chauds : augmenter la pression de O3, bar.

▲ Pressions préconisées par le constructeur (noticc ou portièrc du conducteur).

▲ 1 - desserrer les écrous.

▲ 2 - monter la voiture avec le cric et retirer la roue.

▲ 3 - remplacer par la roue de secours.

▲ 4 - remettre les écrous et les serrer à fond.

LA PREMIÈRE
DES PROTECTIONS, C'EST LA CEINTURE !

La sécurité du passager et du véhicule

L'installation sécurisée des passagers adultes

La ceinture

■ Rôle de la ceinture

Le port de la ceinture de sécurité est respecté à 98 % à l'avant et à 80 % à l'arrière. Mais le petit nombre d'usagers qui ne portent pas la ceinture est surreprésenté parmi les victimes d'accident.

La ceinture limite les blessures en évitant l'éjection et les chocs contre l'habitacle. Elle augmente les chances de rester conscient et de pouvoir s'extraire rapidement du véhicule si nécessaire.

■ Conducteur et passagers doivent être attachés

Chaque passager d'un véhicule doit occuper seul une place équipée d'une ceinture de sécurité.

Dispense = Certificat médical obligatoire.

Certaines dispenses sont possibles mais non recommandées pour la sécurité... Il peut s'agir de personnes dont la taille est manifestement inadaptée ou pour raison médicale.

■ Dispositifs intégrés

Les pré-tensionneurs bloquent plus tôt et plus fermement le corps pendant le choc. Leur déclenchement provoque une détonation et une fumée sans danger.

Les limiteurs d'effort réduisent le pic de la pression exercée sur le thorax lors du choc.

■ Appuie-têtes

Conducteur et passagers doivent régler leur appuie-tête.

Coussins gonflables (airbags)

■ Même lorsque le véhicule en est équipé, le port de la ceinture est obligatoire.

L'airbag est un amortisseur de choc. Il en existe des frontaux et parfois des latéraux. Il faut veiller à ce qu'il n'y ait aucun objet entre l'airbag et l'occupant qu'il protège.

Sans ceinture

Vitesse d'impact	Conséquences
25 km/h	Blessures graves
50 km/h	Mort
100 km/h	Mort

Avec ceinture

Vitesse d'impact	Conséquences
25 km/h	Indemne
50 km/h	Indemne
100 km/h	Blessures graves

Le conducteur et les passagers adultes qui ne portent pas leur ceinture s'exposent chacun à une amende forfaitaire de 135 €.

Le conducteur non attaché encourt quant à lui, un retrait de 3 points sur le permis.

Un passager ne met pas sa ceinture.
Comment réagissez-vous ?

- Lui demander de boucler sa ceinture ______ ☐

ou

- ne rien lui dire ______ ☐

▲ *1 place = 1 personne = 1 ceinture même pour le passager du milieu.*

▲ *L'airbag empêche le contact entre la tête et le volant ou le tableau de bord.*

L'installation sécurisée des enfants

Le conducteur est responsable des passagers de moins de 18 ans. Il doit s'assurer qu'ils sont maintenus attachés au moyen d'un système homologué ou avec une ceinture de sécurité.

Sièges homologués

■ Ils doivent être installés sur une place équipée de ceinture, adaptée à l'âge, à la morphologie, et au poids de l'enfant.
Moins de 135 cm, un siège homologué est obligatoire.

Porte bébé dos à la route* (norme i-size jusqu'à 15 mois)	Naissance à 1 an	0 - 13 kg	40 - 85 cm
Siège homologué (baquet, harnais, réceptacle)	De 9 mois à 4 ans	9 - 18 kg	80 - 135 cm
Siège rehausseur (à l'arrière avec la ceinture ou harnais)	De 3 ans à 12 ans	15 - 36 kg	100 - 150 cm

* Peut être installé à l'avant ou sur les sièges arrières..

■ Sièges auto dos route et face route

Ils sont dotés de codes couleur indiquant où faire passer les sangles de la ceinture de sécurité suivant la position choisie. **Bleu** pour le placement dos à la route. **Rouge** pour le placement face à la route.

■ La ceinture ne doit pas passer sur son cou.

Un enfant de moins de 10 ans assis à l'arrière n'est pas obligé d'utiliser un siège homologué si sa taille est adaptée au port de la ceinture de sécurité.

Attention, désactiver l'airbag passager avant en cas d'usage d'un siège bébé "dos à la route". Ce voyant s'allume au tableau de bord pour rappeler que l'airbag est désactivé.

Le système de sécurité enfant

■ Sécurité enfants
≠
Verrouillage centralisé

Sur chaque portière arrière, il est possible de sécuriser l'ouverture arrière uniquement depuis l'extérieur.
Attention, la fermeture centralisée des portes ne fait pas sécurité enfant car elle verrouille les portes pour l'extérieur mais pas de l'intérieur.

▲ *Siège fixé et harnais attaché.*

Le conducteur doit s'assurer que chacun de ses passagers mineurs est bien retenu par un dispositif adéquat.

Sinon le conducteur encourt une amende de 135 € pour chaque jeune non attaché ou attaché de façon incorrecte.

▲ *Sur le siège avant, pour placer un siège bébé (dos à la route), il est obligatoire de désactiver l'airbag côté passager.*

Siège dos à la route

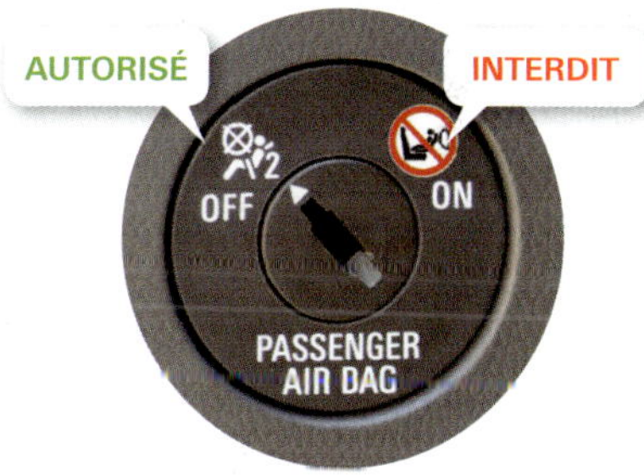

▲ *Introduisez la clé de contact dans la commande située près de la portière passager avant et tournez-la en position OFF pour désactiver l'airbag.*

◀ *Déplacez le levier de chaque portière située à l'arrière du véhicule. Ainsi, l'ouverture ne peut se faire que de l'extérieur.*

▲ *Pour éviter qu'un enfant ne sorte par lui-même.*

Les nouvelles aides technologiques

Aides au freinage

Ils n'ont pas pour fonction de raccourcir les distances de freinage.

■ ABS

Ce système permet d'éviter le blocage des roues lors d'un freinage d'urgence surtout quand les conditions d'adhérence sont mauvaises.

ABS ou ABR : système antiblocage de roues.
L'ABS permet de freiner dans l'urgence sans doser la pression sur la pédale.
L'ABS permet de continuer à diriger le véhicule en freinant, même dans l'urgence.
Mais l'ABS ne diminue pas les distances de freinage.

■ AFU

Assistance au Freinage d'Urgence.

Il détecte l'urgence d'après la vitesse d'enfoncement de la pédale et amplifie au maximum le freinage à la limite du blocage.
Ce système est obligatoirement combiné à l'ABS.
Lorsqu'il se déclenche, les feux de détresse s'allument automatiquement.

Aides à la tenue de route

■ ESP

Electronic Stability Program

En cas d'amorce de glissade, l'ESP ramène la voiture sur la bonne trajectoire.

L'ESP détecte la perte d'adhérence et répartit automatiquement le freinage sur chacune des roues pour compenser le dérapage.

■ ASR, ASC, EDS...

Ce sont des antipatinages.

En utilisant les capteurs électroniques de l'ABS et de l'ESP, un antipatinage évite aux roues motrices de patiner en accélération.

Toutes ces aides technologiques apportent une marge de sécurité supplémentaire. Si vous utilisez cet avantage pour rouler plus vite, vous perdez la marge de sécurité et en cas de problème, vous risquez un accident plus grave dû à la vitesse plus élevée.

▲ *En cas d'urgence, appuyer à fond sur la pédale de frein et maintenir cette pression. Quand il fonctionne, l'ABS provoque un bruit et une vibration dans la pédale de frein.*

▲ *Lorsque l'ESP entre en action c'est que le conducteur n'a pas su adapter sa vitesse à l'état de la route.*

▲ *Même avec l'ESP, au-delà d'une certaine vitesse, la voiture dérape.*

Aides à la conduite

■ Régulateur de vitesse

Permet de garder une allure constante.

Au moindre freinage, il est désactivé, le conducteur reprend les commandes.
Le nouveau régulateur adaptatif calcule la vitesse en fonction de la distance de sécurité.
Il est parfait pour l'autoroute.

■ Limiteur de vitesse

Permet de circuler jusqu'à une vitesse déterminée par le conducteur.

Dès que la vitesse limite - déterminée par le conducteur - est atteinte, le dispositif entre en action pour empêcher le véhicule de dépasser la vitesse.
Il est plus adapté à la conduite en ville.

■ Radar de recul

Le radar de recul détecte les obstacles par un système d'ultrasons. Une alarme avertit le conducteur en cas d'obstacle détecté. La caméra de recul permet de voir réellement ce qu'il y a derrière le véhicule.

■ Avertisseur d'angle mort.

Ce système affiche un **témoin jaune** dans le rétroviseur extérieur.

■ Aide au passage des vitesses

Un voyant sur le tableau de bord indique le bon moment du changement de rapport.

■ Système embarqué de téléphonie mobile

Avec la technologie Bluetooth un conducteur peut avoir une conversation téléphonique sans tenir un appareil en main et sans avoir un écouteur à l'oreille. C'est la seule solution pour téléphoner en conduisant.

■ GPS

Sonore ou visuel.

S'il est amovible, le placer hors du champ de vision du conducteur (en bas à gauche ou à droite).
Il guide le conducteur tout au long du trajet, l'avertit des difficultés de circulation et lui rappelle les vitesses autorisées. Ne pas quitter la route des yeux plus d'une seconde.

◀ *Le régulateur peut entraîner à la longue une perte de vigilance. Gardez toujours les pieds proche des pédales pour pouvoir intervenir rapidement si nécessaire.*

Le régulateur ne doit pas être utilisé quand la circulation est dense, ni lorsque la route est glissante (risque d'aquaplaning).

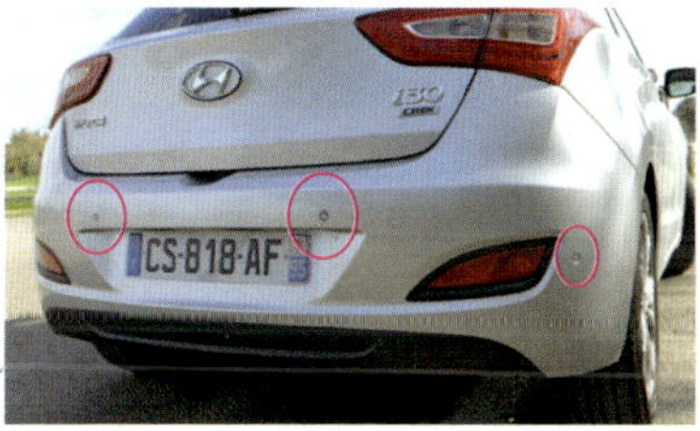

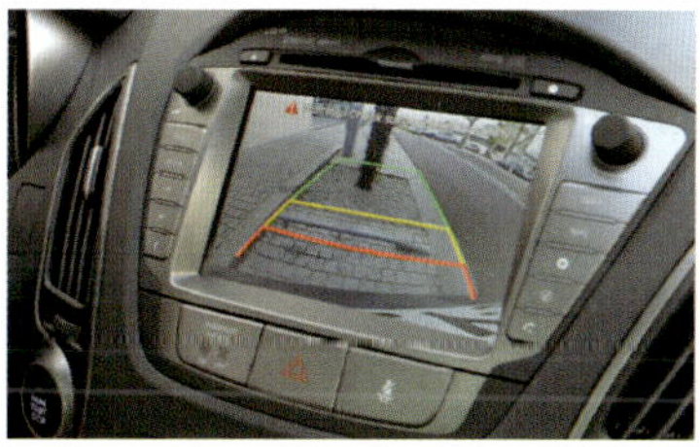

▲ *Même équipé d'un radar ou d'une caméra de recul, il est indispensable pour le conducteur d'effectuer des vérifications en vision directe et dans les rétroviseurs.*

Système d'aide active au stationnement.

Système d'avertissement de sortie de voie.

◀ *E call : dispositif d'appel d'urgence. Permet d'alerter, manuellement (présence d'un bouton dans l'habitacle) ou automatiquement (via des capteurs situés sur les air-bags), les services de secours en cas d'accident.*

La géolocalisation du véhicule, son type, le nombre de passagers et le carburant utilisé sont transmis à la plate-forme du 112.
Objectif : améliorer les chances de survie en cas d'accident.

PROTÉGEONS NOTRE PLANÈTE !
COVOITURAGE
AUTO-PARTAGE
ECO-CONDUITE
PARKING RELAIS...

E

Sommaire

Choisir l'écomobilité

Un mode de transport propre et adapté à son déplacement.

Pour réduire le bruit et la pollution due aux émissions de gaz carbonique. Le CO_2 contribue au réchauffement climatique par augmentation de l'effet de serre.

En se déplaçant

- à pied
- à roller, trottinette
- à vélo
- en transport en commun (Métro-tramway-bus)

Pour les faibles distances, il est préférable de se déplacer à pied. Le vélo est un moyen de transport plus rapide que la voiture pour se déplacer en ville sur des distances allant jusqu'à 6 km. Certaines villes proposent le prêt de vélos (même électriques!) via les parcs relais moyennant une somme modique voire la gratuité. Beaucoup de ces véhicules circulent sur site propre permettant plus de ponctualité et de rapidité.

En utilisant les modes alternatifs

■ **Le covoiturage**
Réduit les coûts de déplacement, la pollution et les embouteillages.

Cela consiste à partager ses trajets quotidiens (travail, université...), ou occasionnels (vacances, festivals...) pour limiter les frais et de ne pas être tout seul dans une voiture.

■ **L'autopartage**
Réduit l'encombrement des villes, la pollution.

C'est un système permettant d'utiliser en libre-service des voitures garées dans différents parkings de la ville. C'est une bonne alternative si la question de l'achat d'un véhicule se pose. C'est aussi moins de stress pour se garer, pas d'entretien ni d'assurance à payer.

En pratiquant l'intermodalité

■ **Parking relais**
Réduit l'encombrement des villes, la pollution.

Il s'agit de vastes parkings aménagés à l'entrée des villes qui assurent des liaisons vers le centre des villes via des réseaux de transport en commun.

COVOITURAGE

Le conducteur définit au préalable le prix, la date et l'horaire du trajet. Les passagers souhaitant covoiturer avec lui le contactent via le site internet, par mail ou téléphone.

Lieu aménagé pour la pratique du covoiturage

▲ *De nombreux sites internet permettant de mettre en relation conducteurs et passagers.*

AUTOPARTAGE

Pour ce service, l'usager paye une inscription, un abonnement mensuel et un prix d'utilisation en fonction du kilométrage et du temps de réservation. Les réservations peuvent se faire par internet 24h/24 et 7J/7.

Station d'autopartage

▲ *Il suffit d'aller chercher le véhicule adapté à ses besoins dans un parking dédié à l'autopartage et de l'y redéposer.*

Il existe également ***l'autopartage entre particuliers****.*
Ce service permet à des particuliers, via internet, de proposer leur voiture à la location ou de louer la voiture d'un autre particulier.
Une assurance spécifique couvre la voiture, le temps de la location.

PARKING RELAIS

En général, le stationnement est gratuit ou alors il en coûte le prix d'un ticket de bus ou de tram. Moins cher qu'un parking payant en centre ville !

Parc relais

Un achat éco-responsable

■ Choisir le véhicule en fonction :
- du type de déplacement le plus fréquent,
- du nombre de personnes à transporter,
- consommant peu,
- disposant d'équipements facilitant les économies de carburant.

L'étiquette énergie : elle est affichée sur les voitures neuves dans tous les lieux de vente. Le consommateur peut ainsi comparer les consommations de carburant et les émissions de dioxyde de carbone de chaque véhicule.
Il s'agit principalement de CO_2 (dioxyde de carbone) qui est le principal gaz à effet de serre responsable du changement climatique.

Le bonus écologique : incitation efficace qui permet de rendre plus attractives les voitures sobres et peu émettrices de gaz à effet de serre.

■ **Véhicules électriques**
Ils n'émettent aucun polluant ni aucun gaz à effet de serre.

L'offre des constructeurs est encore restreinte.
L'autonomie reste encore très limitée.
Plutôt réservés à un usage urbain.

■ **Véhicules hybrides**

Une solution mixte très intéressante qui permet de profiter des avantages de la motorisation électrique tout en limitant ses inconvénients.

■ **Boîte auto ? Boîte manuelle ?**

Les nouvelles boîtes automatiques ne consomment pas beaucoup plus que les boîtes manuelles et moins qu'une boîte manuelle mal utilisée.

■ **Choix des pneus**
Une étiquette pour choisir ses pneus selon 3 critères.

La consommation de carburant

La sécurité (adhérence sur sol mouillé)

Le bruit de roulement (niveau sonore)

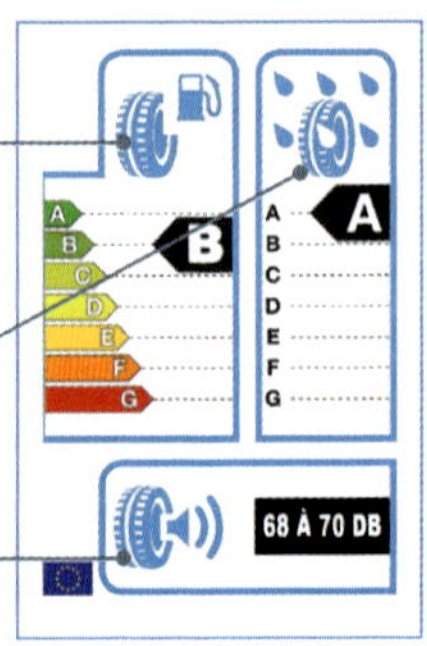

◀ ***Le stop and start:*** *le moteur se met en veille dès l'arrêt (feu rouge, embouteillage). Le moteur repart quand le conducteur relâche la pédale de frein ou débraye. Cette technologie permet d'économiser environ 10 à 15 % de la consommation.*

◀ ***Le régulateur de vitesse:*** *cette aide à la conduite est également très intéressante pour l'éco-conduite car rend la conduite plus uniforme et limite les phases alternatives d'accélération et de freinage.*

◀ ***Le compte-tours:*** *la surveillance du compte-tours permet d'utiliser le moteur dans les plages de fonctionnement les moins "énergivores".*

◀ ***L'ordinateur de bord*** *permet de vérifier en permanence si la conduite est économique.*

◀ ***Le GPS:*** *le conducteur évite ainsi les erreurs de trajets et les bouchons, ce qui signifie moins de consommation, moins de pollution.*

◀ ***Les pneus verts*** *ou basse consommation offrent moins de résistance au roulement ce qui diminue la consommation.*

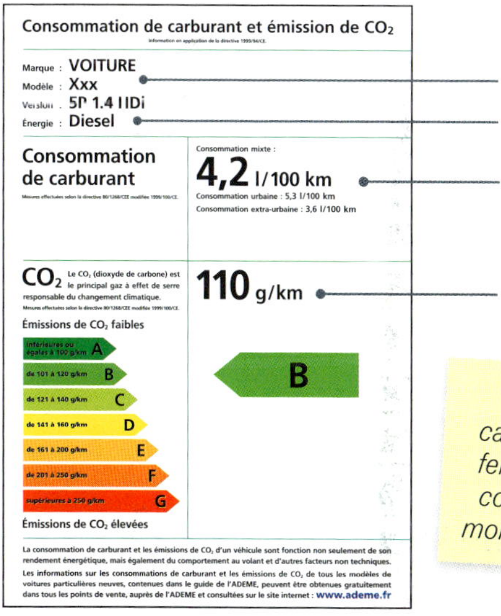

En achetant une voiture de catégorie A ou B, le conducteur fera ainsi des économies sur sa consommation tout en rejetant moins de CO_2 dans l'atmosphère.

L'éco-conduite

L'éco-conduite réduit la consommation, la pollution, le bruit, le risque d'accident et permet de faire des économies.
Articulez votre comportement autour de :

L'organisation

Éviter de prendre la voiture pour des déplacements inférieurs à 2 km.
Réserver la voiture pour des trajets longs et nécessaires. Grouper les rendez-vous pour optimiser les déplacements
Utiliser une voiture adaptée au trajet.
Mutualiser les transports pour le travail, les loisirs...
S'informer des conditions de circulation pour choisir son heure de départ, son parcours pour éviter les embouteillages.

La conduite

Adopter un mode de conduite économique contribue à réduire la consommation de carburant, l'émission de gaz à effet de serre et le risque d'accidents.

Le véhicule

Le chargement a une influence directe sur la consommation.
Démonter les coffres de toit, les barres ou autre galerie, s'ils ne sont plus utiles.
Un véhicule mal entretenu consomme plus et pollue plus. Contrôler la pression des pneus, changer les filtres à air et à carburant.

Les accessoires

Penser à éteindre tout ce qui est inutile (feux, climatisation, radio...) car ces accessoires nécessitent de l'énergie, donc du carburant.
En ville, il est plus économique de baisser les vitres plutôt que de s'enfermer avec la climatisation.

Retenez ces 10 principes:

1. *Appuyez franchement sur l'accélérateur, changez de vitesse rapidement pour être au plus vite à allure stable.*
2. *Changez de vitesse dès 2000 tr/mn pour une voiture diesel et 2500 tr/mn pour une voiture essence.*
3. *Maintenez une vitesse stable.*
4. *Circulez sur le rapport de vitesse le plus élevé.*
5. *Conduisez souplement et évitez les départs, les arrêts et les accélérations inutiles.*
6. *Ralentissez progressivement et lâchez à temps l'accélérateur.*
7. *Maintenez les distances de sécurité.*
8. *Anticipez pour ne pas subir la circulation.*
9. *Réduisez la vitesse.*
10. *Utilisez correctement le véhicule:*
    - *ne faites pas chauffer le moteur à l'arrêt,*
    - *à froid, roulez en douceur sur les 2 premiers kilomètres,*
    - *coupez le moteur en cas d'arrêt prolongé (embouteillage).*

En cas de pic de pollution, la vitesse maximale autorisée est réduite sur certains réseaux. Le conducteur en est averti par des panneaux à messages variables (PMV) sur les axes importants. Cette information est relayée par la radio, la télévision et internet.

D'autres mesures préfectorales peuvent être mises en place: alternance de circulation en fonction du numéro d'immatriculation, circulation de véhicules les moins polluants, gratuité du stationnement résidentiel... ▼

Panneaux de danger

Virage à gauche

Virage à droite

Succession de virages, le 1er est à droite

Succession de virages, le 1er est à gauche

Cassis ou dos-d'âne

Ralentisseur

Chaussée rétrécie

Chaussée rétrécie par la droite

Chaussée rétrécie par la gauche

Chaussée particulièrement glissante

Pont mobile

Passage pour piétons

Passage pour piétons surélevé

Endroit fréquenté par les enfants

Passage d'animaux domestiques

Passage d'animaux sauvages

Passage de cavaliers

Descente dangereuse

Annonce de feux tricolores

Circulation dans les 2 sens

Risque de chute de pierres ou présence de pierres tombées sur la route

Débouché sur un quai ou une berge

Débouché de cyclistes venant de droite ou de gauche

Traversée d'une aire de danger aérien

Risque de fort vent latéral

Traversée de voies de tramways

Danger pour lequel il n'existe pas de symbole correspondant

Danger précisé par le panonceau

Risque de heurt de véhicules lents

Passages à niveau avec barrières ou demi-barrières

Barrières
à fonctionnement
manuel

Ligne électrifiée
située à moins de 6 m
au-dessus de la chaussée

Signal
avancé

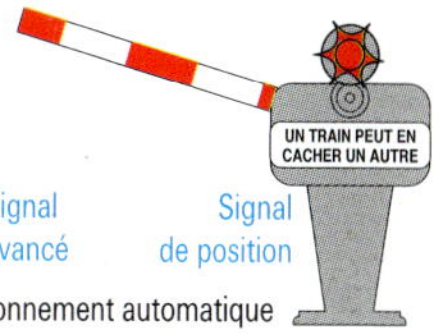

Signal
de position

Demi-barrières à fonctionnement automatique

Passages à niveau sans barrière

Signal avancé

Signal de position

Passage à niveau
sans barrière, ni demi-barrière

Signal avancé

Signal de position

Obligation de s'arrêter
si le feu rouge clignote

Signal avancé

Signal de position

Obligation de marquer l'arrêt
avant de traverser les voies

Panneaux relatifs aux intersections et priorités

Signal avancé

Cédez le passage
à l'intersection

Signal de position

ou

Cédez le passage à l'intersection

Signal avancé

Arrêt
à l'intersection

Signal de position

Marquez un temps
d'arrêt à l'intersection
et cédez le passage

Cédez le passage aux
véhicules débouchant
de la ou des routes
situées à sa droite

Intersection
avec une route
dont les usagers
doivent
céder le passage

Carrefour à sens
giratoire
avec priorité aux
usagers
circulant sur l'anneau

Indication du
caractère prioritaire
d'une route

Fin du caractère
prioritaire d'une route

Panonceaux-schémas représentant l'intersection qui va être abordée et indiquant par un trait large les branches prioritaires.
La branche verticale dans la moitié inférieure du panonceau représente la route sur laquelle il est implanté.

Panneaux d'interdiction

Circulation interdite à tout véhicule dans les 2 sens

Sens interdit

Interdiction de tourner à gauche à la prochaine intersection

Interdiction de tourner à droite à la prochaine intersection

Interdiction de faire demi-tour jusqu'à la prochaine intersection incluse

Interdiction de dépasser tous les véhicules à moteur autres que les 2 roues

L'interdiction de dépasser concerne seulement les transports de marchandises de plus de 3,5 t

Arrêt obligatoire au poste de douane

Arrêt obligatoire au barrage de gendarmerie

Arrêt obligatoire au barrage de police

Arrêt obligatoire au poste de péage

Accès interdit aux véhicules à moteur à l'exception des cyclomoteurs

Accès interdit à tous les véhicules à moteur

Accès interdit aux véhicules affectés au transport de marchandises

Accès interdit aux piétons

Accès interdit aux cycles

Accès interdit aux véhicules à traction animale

Accès interdit aux véhicules agricoles à moteur

Accès interdit aux véhicules de transport en commun

Accès interdit aux cyclomoteurs

Accès interdit aux motos et motos légères

Limitation de vitesse

Cédez le passage à la circulation venant en sens inverse

Signaux sonores interdits

L'interdiction donnée par le panneau associé ne s'applique pas aux cyclistes

Panneaux d'interdiction

Accès interdit aux véhicules dont le PTAC (ou le PTRA) dépasse le poids indiqué sur le panneau

Accès interdit aux véhicules tractant une caravane ou une remorque de plus de 250 kg

Accès interdit aux véhicules pesant sur un essieu plus de 2 tonnes

Accès interdit aux véhicules ou ensembles de véhicules ayant une longueur, chargement compris > à 10 m

Accès interdit aux véhicules dont la largeur, chargement compris, dépasse la dimension indiquée

Accès interdit aux véhicules dont la hauteur, chargement compris, dépasse la dimension indiquée

Interdiction aux véhicules de circuler sans maintenir entre eux au moins l'intervalle indiqué

Accès interdit aux véhicules transportant des marchandises explosives ou facilement inflammables

Accès interdit aux véhicules transportant des marchandises susceptibles de polluer les eaux

Accès interdit aux véhicules transportant des marchandises dangereuses

Interdiction dont la nature est mentionnée par une inscription sur le panneau

Zones à vitesse limitée

Entrée et sortie d'une aire piétonne

Début de zone

Fin de zone

Entrée et sortie d'une zone de rencontre

Fin d'interdiction

Fin de toutes les interdictions précédemment signalées et imposées aux véhicules en mouvement

Fin de limitation de vitesse à 60 km/h

Fin d'interdiction de dépasser

Fin d'interdiction de l'emploi des avertisseurs sonores

Fin d'interdiction de dépasser pour les véhicules de transport de marchandises dont le PTAC est > à 3,5 tonnes

Fin d'une interdiction dont la nature est mentionnée sur le panneau

Panneaux de stationnement

Arrêt et stationnement interdits

Stationnement interdit

Stationnement interdit du côté du panneau du 1er au 15 du mois

Stationnement interdit du côté du panneau du 16 à la fin du mois

Stationnement interdit seulement aux véhicules affectés au transport de marchandises

Interdiction de stationner sans payer

Stationnement interdit à partir du panneau

Stationnement interdit jusqu'au panneau

Stationnement interdit avant et après le panneau

Stationnement gênant, susceptible d'une mise en fourrière

Stationnement réservé aux véhicules électriques pendant la durée de la recharge

Arrêt et stationnement réservés aux personnes à mobilité réduite

Zone à stationnement unilatéral

Entrée

Sortie

Zone à stationnement interdit

Entrée

Sortie

Zone à stationnement payant

Entrée

Sortie

Zone à stationnement à durée limitée, avec contrôle par disque

Entrée

Sortie

Zone à stationnement unilatéral à alternance semi-mensuelle et à durée limitée, avec contrôle par disque

Entrée

Sortie

Interdiction de stationner sans disque de stationnement

Le panonceau indique la durée limite du stationnement avec contrôle par disque, ainsi que les limites de la période d'application de la mesure

Lieu aménagé pour le stationnement gratuit à durée limitée avec contrôle par disque

Panneaux d'obligation

Obligation de tourner à droite avant le panneau

Obligation de tourner à gauche avant le panneau

Contournement obligatoire de l'obstacle : par la droite

Contournement obligatoire de l'obstacle : par la gauche

Direction obligatoire à la prochaine intersection : tout droit

Direction obligatoire à la prochaine intersection : à droite

Direction obligatoire à la prochaine intersection : à gauche

Direction obligatoire à la prochaine intersection : tout droit ou à droite

Direction obligatoire à la prochaine intersection : à gauche ou à droite

Piste ou bande obligatoire pour les cycles sans side-car ou remorque

Chemin obligatoire pour piétons

Chemin obligatoire pour cavaliers

Vitesse minimale obligatoire

Chaînes à neige obligatoires sur au moins deux roues motrices

Voie réservée aux véhicules de transport en commun des services réguliers

Voie réservée aux tramways

Obligation dont la nature est mentionnée par une inscription sur le panneau

Fin d'obligation

Fin de piste ou de bande cyclable

Fin de chemin obligatoire pour les piétons

Fin de chemin obligatoire pour les cavaliers

Fin de vitesse minimale obligatoire

Fin d'obligation de l'usage des chaînes à neige

Fin de voie réservée aux véhicules des services réguliers de transport en commun

Signalisation dynamique

Fermeture d'un passage à niveau muni de barrières avec indication sur panonceau

Présence relativement proche de nappes de brouillard ou de fumées épaisses

Interdiction aux véhicules de circuler sans maintenir entre eux un intervalle au moins égal au nombre indiqué

Danger proche de chutes de neige ou à de la pluie verglaçante

Travaux

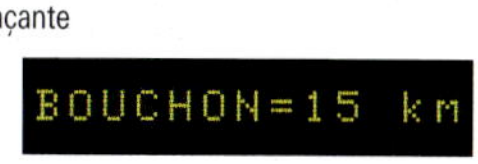

Panneau à message variable (PMV)

Panneaux d'indication

Indication aux frontières rappelant les limites de vitesse en territoire français

Radar Contrôles automatiques

Voie de détresse

Impasse ou rue sans issue

Impasse avec issue pour les piétons

Impasse avec issue pour les piétons et les cyclistes

Vitesse conseillée

Emplacement d'arrêt d'urgence

Arrêt de bus

Traversée de voies de tramway

Indications diverses

Lieu aménagé pour le stationnement. Parking

Station d'autopartage

Lieu aménagé pour le stationnement gratuit à durée limitée avec contrôle par disque

Stationnement payant

Stationnement réservé aux transports en commun

Priorité par rapport à la circulation venant en sens inverse

Station de taxis

Passage pour piétons

Ralentisseur (surélévation de la chaussée)

Circulation à sens unique

Signalisation par voie

Réduction du nombre de voies sur route à chaussées séparées

Annonce d'un créneau de dépassement ou d'une route à 2 x 2 voies

Créneau de dépassement sur section de route à 3 voies

Section de route à 3 voies. Créneau de dépassement en sens inverse

Chaussée à double sens dont le sens opposé est réservé à la circulation des autobus

Chaussée à double sens, dont le sens opposé est réservé à la circulation des cycles

Panneaux d'indication

Fin de créneau de dépassement

Route à accès réglementé

Fin de route à accès réglementé

Piste ou bande cyclable conseillée et réservée aux cycles à 2 ou 3 roues

Fin d'une piste ou d'une bande cyclable conseillée et réservée aux cycles à 2 ou 3 roues

Fin de vitesse conseillée

Présignalisation de la praticabilité d'une route

Route fermée. Section ouverte jusqu'au lieu indiqué

Annonce d'une route à vitesse régulée

Conditions particulières de circulation par voie sur la route suivie

Conditions particulières de circulation sur la route transversale

La voie de circulation en sens inverse est réservée aux cyclistes

Présignalisation du début d'une section routière ou autoroutière à péage

Présignalisation d'une gare de péage avec retrait du ticket de péage ou paiement du péage

Présignalisation d'une borne de retrait de ticket de péage

Présignalisation du paiement du péage

Paiement auprès d'un péagiste

Paiement par carte bancaire

Paiement automatique par pièces de monnaie

Paiement automatique par pièces de monnaie et billets

Paiement par abonnement. La voie est réservée aux usagers abonnés

Présignalisation d'une aire de service ou de repos sur autoroute ou sur route à chaussées séparées

Entrée

Sortie

Ce signal indique l'entrée d'un tunnel où il est interdit de faire demi-tour, de s'arrêter et de stationner en dehors des emplacements d'arrêt d'urgence prévus à cet effet et où l'allumage des feux de croisement est obligatoire

Début et fin de voie verte

Début d'une section d'autoroute

Fin d'une section d'autoroute

Panneaux d'indication

Risque d'incendie

Poste de secours

Informations relatives aux services ou activités touristiques

Poste d'appel d'urgence

Cabine téléphonique publique

Point de gonflage gratuit

Gare auto-train

Embarcadère

Moyen de lutte contre l'incendie

Issue de secours vers la droite

Issue de secours vers la gauche

Atelier d'entretien des véhicules

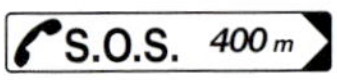

Jalonnement d'un poste d'appel d'urgence vers la droite

Jalonnement piétonnier d'une issue de secours vers la gauche

Auberge de jeunesse

Emplacement pour pique-nique

Installations accessibles pour handicapés

Lieu aménagé pour la pratique du covoiturage

Chambre d'hôtes ou gîte

Station de vidange pour caravanes, autocaravanes et cars

Installations ou services divers

Débit de boissons ou cafétéria ouvert 7j/7j

Panneau d'information faisant partie du relais d'information service

Terrain de camping pour tentes

Terrain de camping pour caravanes et autocaravanes

Parking sous vidéosurveillance

Point de départ d'un itinéraire pédestre

Toilettes ouvertes au public

Restaurant ouvert 7j/7j

Postes de distribution de carburant ouvert 7j/7j et 24h/24h assurant la recharge des véhicules électriques

Point de vue

Fréquence d'une station de radio dédiée aux informations sur la circulation routière et l'état des routes

Jeux d'enfants

Distributeur de billets de banque

Point de détente

Panneaux temporaires

Annonce de signaux lumineux réglant la circulation

Chaussée rétrécie

Chaussée glissante

Projection de gravillons

Annonce de nappes de brouillard ou de fumées épaisses

Cassis, dos-d'âne

Travaux

Accident

Bouchon

Autres dangers: la nature du danger peut ou non être précisée par un panonceau

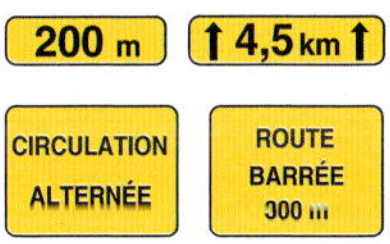

Panneaux d'indications diverses

Présignalisation de déviation

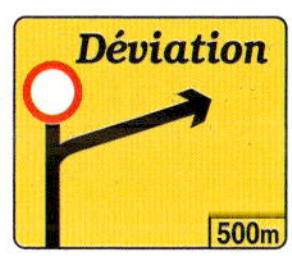

Présignalisation de déviation

Présignalisation de déviation catégorielle

Présignalisation de l'origine d'un itinéraire de déviation par adjonction d'un cartouche jaune

Présignalisation de changement de chaussée: circulation sur une voie

Affectation des voies: une voie dans un sens deux voies en sens inverse

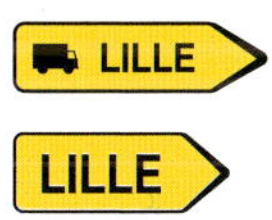

Direction de déviation avec mention de la ville

Annonce de la réduction du nombre de voies laissées libres à la circulation sur routes à chaussées séparées

Fin de déviation

Barrière, signal de position d'une déviation ou d'un rétrécissement temporaire de chaussée

Dispositif conique. Signalisation de position des limites d'obstacles temporaires

Autorisation de passer

Accès interdit

Piquets mobiles

Barrage. Signalisation de position d'un obstacle temporaire

Panneaux de localisation

Entrée d'agglomération sur route nationale

Sortie d'agglomération sur route nationale

Lieu-dit, forêt ou autre lieu traversé par la route

Cours d'eau

Parc national (ou naturel régional)

Localisation d'un état appartenant à la C.E.E.

Itinéraire de substitution, Bis

Itinéraire de substitution

Fin d'itinéraire de substitution

Signalisation de direction avec indication de villes

Signalisation de position

Idéogrammes

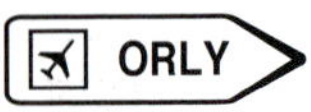

Ex: direction de l'aéroport d'ORLY

Aéroport

Hôpital ou clinique assurant les urgences

Hôpital ou clinique n'assurant pas les urgences

Poste d'appel d'urgence

Installation accessible aux handicapés physiques

Relais d'information service

Embarcadère pour bac ou car-ferry

Terrain de camping pour caravanes

Emplacement pour pique-nique

Lieu aménagé pour la pratique du covoiturage

Point de vue

Déchetterie

Musée ayant reçu l'appellation "Musée de France"

Point d'accueil du public d'un espace naturel sensible

Site classé

Parc naturel régional

Parc de stationnement

Parc relais

Zone industrielle ou d'activités

Itinéraire piétonnier difficilement accessible aux personnes à mobilité réduite

Maison de pays

Village étape

Station pour les véhicules bénéficiant du label "autopartage"

Point de réseau de distribution "écotaxe"

Panonceaux

Panonceaux de distance

à 400 m

Panonceaux d'étendue

sur 5 km

Panonceaux directionnels

pour la voie indiquée

Panonceaux de catégorie

Véhicules dont le PTAC ou le PTRA est ≤ à 3,5 t

Véhicules de transport en commun de personnes

Motos et motos légères

Cycles

Cyclomoteurs

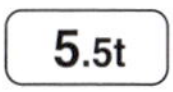

Véhicules dont le PTAC ou PTRA est > à 5,5 t

Véhicules de transport de marchandises

Véhicules pesant plus de 2 t sur un essieu

Véhicules agricoles à moteur

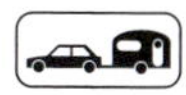

Véhicules tractant une remorque de plus de 250 kg et dont le PTRA est ≤ 3,5 t

Installations accessibles aux handicapés physiques

Piétons

Véhicules ayant une longueur > à 10 m

Transport de marchandises dont le PTAC ou le PTRA est > à 5,5 t

Véhicules tractant une remorque dont le PTAC est > à 250 kg

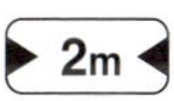

Véhicules ayant une largeur > à 2 m

Véhicules ayant une hauteur totale > à 3,5 m

Véhicules équipés de chaînes à neige

La prescription donnée par le panneau associé ne s'applique pas aux cyclistes

Risque de heurt de véhicules lents

Panonceaux d'indications diverses

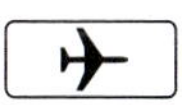

Aire de danger aérien

Voie ferrée électrifiée

Indications diverses par inscription

Passage pour piétons surélevé

Indique que l'emplacement d'arrêt d'urgence est doté d'un poste d'appel d'urgence et d'un moyen de lutte contre l'incendie

Panonceaux associés à un signal lumineux

Autorisation pour les cyclistes de tourner à droite malgré le feu rouge ou jaune.

Autorisation pour les cyclistes d'aller tout droit et à droite malgré le feu rouge ou jaune.

Épreuve théorique générale

40 questions

- 5 réponses fausses maximum pour être admis.
- 30 minutes d'examen.
- 1 code valable 3 ans pour 5 épreuves au volant!

Pour chaque situation de conduite, choisissez les bonnes réponses parmi les 2, 3 ou 4 qui sont proposées.
Il peut y avoir plusieurs bonnes réponses mais il y en a toujours au moins une de mauvaise.

On vous considère comme des conducteurs confirmés.
Sauf indication contraire, vous roulez donc aux vitesses maximales autorisées.

Le ticket "examen" indique le nombre d'erreurs faites et le thème concerné.

Thème	Libellé
L	LA CIRCULATION ROUTIÈRE
C	LE CONDUCTEUR
R	LA ROUTE
U	LES AUTRES USAGERS
D	LES NOTIONS DIVERSES
A	LES PREMIERS SECOURS
P	PRENDRE ET QUITTER LE VÉHICULE
M	LA MÉCANIQUE ET LES ÉQUIPEMENTS
S	LA SÉCURITÉ DU PASSAGER ET DU VÉHICULE
E	L'ENVIRONNEMENT

Exercez-vous d'ores et déjà à répondre aux questions à choix multiple (QCM).

*20 questions qui, chacune,
aborde l'un des 10 thèmes de l'examen officiel.
Observez, lisez, répondez... Juste !*

TEST

RÉPONSES P. 240

① C

- *Je serre à droite* — A ☐
- *Je ralentis et je passe* — B ☐
- *Je m'arrête* — C ☐

② D

Il reste 2 km à parcourir, il est nécessaire que cette maman s'arrête pour attacher sa fille :

- *Oui* — A ☐
- *Non* — B ☐

3

Le dépassement de ce cycliste est autorisé :

▶ *OUI* ——— A ☐ NON ——— B ☐

Je dépasse

▶ *OUI* ——— C ☐ NON ——— D ☐

4

Cet automobiliste a raison de franchir le STOP sans s'arrêter :

▶ *OUI* ——— A ☐

▶ *NON* ——— B ☐

5

▶ *Je klaxonne* ——— A ☐

▶ *Je fais des appels lumineux* ——— B ☐

▶ *Je mets le pied au dessus du frein* ——— C ☐

6 — Ⓟ

Le contrôle du rétroviseur extérieur est suffisant avant d'ouvrir la portière :

▶ *OUI* ——————— A ☐ NON ——————— B ☐

7 — Ⓢ

Le dispositif GPS permet :

- de réduire les erreurs de parcours

▶ *OUI* ——————— A ☐ NON ——————— B ☐

- d'améliorer la vigilance

▶ *OUI* ——————— C ☐ NON ——————— D ☐

8 — Ⓜ

Une baisse rapide du niveau de liquide de frein est due :

- à une fuite

▶ *OUI* ——————— A ☐ NON ——————— B ☐

- à l'usure des plaquettes de freins

▶ *OUI* ——————— C ☐ NON ——————— D ☐

9

C

Un jeune conducteur est capable de lire ces indices en même temps :

- *OUI* ——— A ☐
- *NON* ——— B ☐

10

L

Le feu vient de passer au vert :

- *Je garde la même allure* ——— A ☐
- *J'accélère* ——— B ☐
- *Je ralentis* ——— C ☐

11

A

Il faut être titulaire d'un diplôme de secouriste pour porter secours à ce blessé :

- *OUI* ——— A ☐
- *NON* ——— B ☐

12

D

En période probatoire, je suis un stage de sensibilisation si je perds :

▶ *6 points* ———— A ☐ 3 points ———— B ☐

Je suis limité à un stage par an

▶ *OUI* ———— C ☐ NON ———— D ☐

13

R

En plus des feux de croisements, j'allume :

- les feux de brouillard avant : ▶ *OUI* ———— A ☐ NON ———— B ☐

- les feux de brouillard arrière : ▶ *OUI* ———— C ☐ NON ———— D ☐

14

E

Les raisons de l'attachement des conducteurs à la voiture sont :

▶ *l'intimité* ———— A ☐

▶ *l'autonomie* ———— B ☐

▶ *le faible coût d'utilisation du véhicule* ———— C ☐

▶ *la liberté de déplacement* ———— D ☐

15

U

Cette conductrice a raison de râler après ce piéton qui traverse lentement la rue :

- *OUI* —— A ☐
- *NON* —— B ☐

16

P

Pour une efficacité optimale, il faut ajuster la ceinture de sécurité :

- *sur la clavicule* —— A ☐
- *sur le cou* —— B ☐
- *sur les os du bassin* —— C ☐

17

C

Je roule depuis plus de 2 heures

- *j'attends les premiers signes de fatigue pour m'arrêter* —— A ☐
- *je fais une pause dès que possible* —— B ☐

18

S

Les enfants à l'arrière sont bien installés :

▶ *OUI* ———————— A ☐ NON ———————— B ☐

L'enfant à l'avant est bien installé :

▶ *OUI* ———————— C ☐ NON———————— D ☐

19

M

La pression des pneus se vérifie :
- à froid uniquement

▶ *OUI* ———————— A ☐ NON ———————— B ☐

- visuellement

▶ *OUI* ———————— C ☐ NON———————— D ☐

20

R

La vitesse maximale autorisée est de :

▶ *90 km/h* ———————— A ☐ - 100 km/h ———————— B ☐

▶ *110 km/h* ———————— C ☐ - 130 km/h———————— D ☐

A

B

C

D

E

R

S

T

Sanctions

Il est possible de connaître à tout moment le solde des points du permis de conduire via une connexion à un site spécialement dédié et sécurisé : http://www.telepoints.info

Classe	Nature de l'infraction	Amende	Suspension de permis*	Retrait de points	Divers
1re	Non-présentation : permis, certificat d'immatriculation	11 €	Aucune	Aucun	
Délit	Conduite malgré un permis suspendu	Maxi 4 500 €	3 ans	6	Tribunal
Délit	Défaut de permis	Maxi 15 000 €	3 ans	Sans objet	Tribunal
Délit	Défaut d'assurance	Maxi 3 750 €	3 ans	Aucun	Suspension ou annulation
Délit	Vente de points	Maxi 15 000 €	3 ans	6	Tribunal
4e	Non-port de la ceinture de sécurité	135 €	Aucune	3	Amende : chaque occupant non attaché
4e	Passagers (-18 ans) non attachés	135 €	Aucune	Aucun	Le conducteur est responsable
4e	Enfant de - de 10 ans en place avant	135 €	Aucune	Aucun	
4e	Téléphone tenu en main en conduisant	135 €	Aucune	3	
4e	Utilisation à l'oreille de tout dispositif émettant du son	135 €	Aucune	3	écouteurs, oreillettes, casque
4e	Alcool (novices) (0,20 à 0,79 g/l)	135 €	3 ans	6	idem conducteurs en situation d'apprentissage
4e	Alcool (0,50 à 0,79 g/l)	135 €	3 ans	6	
Délit	Drogues et Alcool (à partir de 0,80 g/l)	Maxi 4 500 €	3 ans	6	Tribunal
2e	Arrêt ou stationnement au-delà du temps réglementaire	35 €	Aucune	Aucun	
4e	Arrêt ou stationnement sur emplacement handicapé	135 €	Aucune	Aucun	Fourrière possible
2e	Arrêt ou stationnement gênant	35 €	Aucune	Aucun	Fourrière possible
4e	Arrêt ou stationnement très gênant	135 €	Aucune	Aucun	Fourrière possible
4e	Arrêt ou stationnement dangereux	135 €	3 ans maxi	3	Fourrière possible

Classe	Nature de l'infraction	Amende	Suspension de permis	Retrait de points	Divers
3e	Dépassement de 1 à 19 km/h au-dessus du maximum autorisé quand la vitesse est supérieure à 50 km/h	68 €	Aucune	1	
4e	Dépassement de 1 à 19 km/h au-dessus du maximum autorisé quand la vitesse est limitée à 50 km/h	135 €	Aucune	1	
4e	Dépassement de 20 à 29 km/h au-dessus du maximum autorisé	135 €	Aucune	2	
4e	Dépassement de 30 à 39 km/h au-dessus du maximum autorisé	135 €	3 ans maxi	3	Quel que soit le régime de priorité
4e	Dépassement de 40 à 49 km/h au-dessus du maximum autorisé	135 €	3 ans maxi	4	Dépistage Rétention du permis
5e	Dépassement de 50 km/h ou plus de la limitation de vitesse	Tribunal de Police : Maxi 1 500 €	3 ans maxi	6	Dépistage Rétention du permis Stage obligatoire de sensibilisation à la sécurité routière
Délit	Récidive d'excès de vitesse de 50 km/h ou plus	Maxi 3 750 €	3 ans maxi	6	Immobilisation du véhicule - Confiscation obligatoire Prison maxi 3 mois
4e	Dépassement dangereux	135 €	3 ans	3	
4e	Franchissement ligne continue	135 €	3 ans	3	Dépassement cycles autorisé
4e	Refus de priorité (piétons, intersection...)	135 €	3 ans	4	Quel que soit le régime de priorité
4e	Distance de sécurité	135 €	3 ans	3	
4e	Circulation sur la BAU Franchissement de la BAU	135 €	3 ans	3	
4e	Circulation en sens interdit	135 €	3 ans maxi	4	
2e	Changement de direction sans avertir	35 €	3 ans maxi	3	
Délit	Refus d'obtempérer	Maxi 3 750 €	3 ans	6	Tribunal
Délit	Délit de fuite	Maxi 75 000 €	3 ans	6	Tribunal

Attention, quand le permis est suspendu, tous les permis le sont aussi.

TEST RÉPONSES

(1) A - C	(2) A	(3) A - D	(4) B	(5) C
(6) B -	(7) A - D	(8) A - D	(9) B	(10) C
(11) B	(12) A - B - C	(13) A - C	(14) A - B - D	(15) B
(16) A - C	(17) B	(18) A - C	(19) B - D	(20) C

Votre avis nous intéresse. Nous vous remercions à l'avance de nous faire parvenir vos suggestions : conception@codes-rousseau.fr

Photo couverture : S. de P./Hyundai - Photos intérieur : J. Boulissière/Codes Rousseau

Éditeur : Codes ROUSSEAU
135 rue des Plesses - 85180 Le Château d'Olonne
ISBN 978-2-7095-1392-0 - Dépôt légal n° 2914 - Imprimé en C.E.E. - L25266